Le **Burn-Out**

Comment

→ il se produit

→ le prévenir

→ **en sortir**

Laurent CAUDRON

Copyright © 2019 Laurent CAUDRON. Tous droits réservés.

ISBN-13: 979-10-94050-04-0

Dépôt légal avril 2019

CONTENU

Introduction

Ce livre apporte des réponses directes et précises pour appréhender les «comment» du burn-out.

+ Vous saurez vous en prémunir, vous ou toute personne concernée

+ Vous comprendrez comment il se met en place, graduellement, dans quels contextes, selon quel processus

+ Vous reconnaitrez qui est plus susceptible d'en être affecté et quelles mesures de protection adopter

+ Vous aurez les techniques, les astuces, les connaissances pour vous en sortir

+ Vous serez guidé(e), aidé(e) pour vous reconstruire si vous en étiez affecté(e)

Ce livre laisse délibérément de coté les «pourquoi?»

- Pourquoi une entreprise autorise-t-elle ou favorise-t-elle le burn-out?
- Pourquoi les collègues, la hiérarchie, dans le privé comme dans la fonction publique, détournent-ils le regard?
- Pourquoi les autorités et la Sécurité Sociale préfèrent-elles, ignorer le problème

Les «pourquoi?» appellent des «parce que» mais ne vous apportent pas de solution.

C'est la raison pour laquelle ce livre aborde le burn-out de façon différente des autres livres consacrés au sujet.

Il se veut pragmatique et utile pour vous. Il répond à vos questions selon les trois axes du titre:

1/ Comment se produit le burn-out?

En décelant les risques potentiels de burn-out, vous pouvez effectuer des changements **avant** le burn-out.
En comprenant ce que vous avez subi jusqu'au burn-out, vous en guérirez plus rapidement

2/ Comment prévenir le burn-out?

En connaissant ses causes et le processus qui mène au burn-out: Management, organisation et charge de travail, communication, relations professionnelles et extra-professionnelles... vous saurez vous en préserver et éviter à l'avenir les environnements toxiques qui poussent au burn-out.

3/Comment sortir du burn-out?

Il existe plusieurs approches:

Accompagnement psychothérapeutique, prise de conscience, changement de vie, développement personnel, nouvelles attitudes (santé, travail, choix quotidien et choix de vie, relations, priorités...)

Ces approches, souvent complémentaires, vous permettent de vous reconstruire plus rapidement et plus harmonieusement.

Le burn-out est une chose grave!

▸ La personne qui en souffre est en danger.

Plus quelqu'un résiste, masque ou minimise sa situation avant d'accepter et de prendre en compte son burn-out, plus les effets risquent d'être importants et permanents.

- Séquelles physiques: Douleurs et maladies chroniques (dos, articulations, digestion, maux de tête, sommeil...), organes endommagés, santé fragilisée, etc.
- Séquelles psychologique: Changement de caractère, de relations aux autres, de croyances, de capacité à s'investir, à faire

L'auteur de ce livre, a été cadre, consultant et coach.

Il a travaillé pour des grands groupes et pour des PME/PMI.

Il a rencontré des personnes en burn-out: cadres, enseignants, chefs d'entreprises, employés.

La première édition de ce livre, a amener des personnes en burn-out ou proche de l'être à le consulter. Des recherches et des échanges avec des psychothérapeutes accompagnant des patients en burn-out ont également enrichi ce livre.

Vous avez devant les yeux des outils de réflexions, des techniques de mieux être et de développement personnel et des solutions pour vous faire, dès maintenant, une belle vie, au-delà du burn-out.

Je vous souhaite une lecture profitable, harmonie et bien-être!

A/ Comment se produit le burn-out?

1
BURN-OUT?

Définition officielle:

«Le burn-out est l'épuisement émotionnel, mental et physique d'une personne, exposée trop longtemps à un stress excessif.»

Ce qui reste assez vague et loin de la réalité quotidienne d'une personne en burn-out, convenons-en.

Cette «trop longue exposition», est générée par les facteurs que vous découvrirez dans ce livre.

Plus lourd de conséquence; le burn-out vous fait perdre la motivation, la capacité ou l'intérêt qui vous avait amené à prendre une certaine place, à assumer un certain rôle et les contraintes qui allaient avec.

Il s'agit de votre place dans l'entreprise, de votre place dans la famille, votre place au milieu de vos amis et d'une manière plus globale, de votre place dans la vie.

Les symptômes au niveau de l'individu

• Symptômes physiques:
Fatigue chronique, douleurs diffuses (tête, dos, articulations, muscles), troubles du sommeil ou de l'appétit, immunodépression, dérèglement du système digestif, maladies qui vont devenir chroniques si la personne ne réagit pas suffisamment tôt

• Symptômes Psychologiques et affectifs:
Sentiment d'échec, hyper-sensibilité, pessimisme, désespoir, cynisme, dépression, difficultés de concentration, perte de motivation, détachement émotionnel, sentiment de solitude, dévalorisation de soi

• Symptômes Comportementaux:
Retrait des responsabilités, repli sur soi, isolement, irritabilité, agressivité, évitement du travail (désengagement, arrivée tardive, départ précoce), forte baisse de productivité, actions sans réflexion

(impulsivité ou mode «pilote automatique»), usage de médicaments, alcool, drogue

Soit à la suite d'un problème, soit petit à petit, la personne devient désabusée et cynique envers elle-même, envers les autres, envers le travail et envers la vie.
Elle se désengage de toute relation et de toute responsabilité. Elle perd toute motivation, toute capacité à s'investir. Elle ne peut plus assumer comme avant, à commencer par le travail qui l'a mené dans cet état.
Cet absence de motivation, de goût de bien faire, ce cynisme, et la dépression dans laquelle sombre la personne (environ 30% des personnes concernées), sont nuisibles à l'individu et bien entendu, se manifestent dans ses relations personnelles et dans le cadre de sa fonction dans l'entreprise.

Au niveau de l'entreprise

Pour l'entreprise, cela se manifeste par:
- Un absentéisme au dessus de la moyenne
- Des lenteurs (travail, projets, objectifs)
- Un manque de collaboration de la personne en burn-out
- Le désintérêt pour sa mission
- Une communication de plus en plus difficile et des rapports plus compliqués entre collègues et avec la hiérarchie
- Une baisse de créativité et de réactivité pour faire face aux besoins, aux changements, aux contraintes
- Un manque d'engagement et une faible adhésion aux projets
- Des collaborateurs qui n'apportent plus la même contribution
- Moins de clients satisfaits, ou plus de clients insatisfaits
- L'isolement de certaines personnes, qui deviennent plus difficile à gérer
- Des dépressions, des suicides

Cela se traduit aussi par une baisse de la productivité, des problèmes plus nombreux et qui ne trouvent plus de solutions.

Les mauvaises relations se répercutent sur tous: Clients, patients, fournisseurs, prestataires extérieurs, collègues, etc.

Une personne en burn-out se désengage. Elle n'arrive plus à faire face, à ses responsabilités, à sa charge de travail, au quotidien.

Son travail est plus lent et de moins bonne qualité.

A court terme: Perte de temps, désorganisation, perte d'efficacité, coûts supérieurs, productivité en baisse, perte financière.

A long terme: Baisse de qualité des produits ou des prestations, insatisfaction des clients, pertes de contrats et finalement davantage de pertes financières.

C'est notamment parce que l'entreprise ne chiffre pas correctement le coût du burn-out, qu'elle l'utilise comme mode de gestion. Elle pense faire des économies, au détriment des personnes, alors que l'ensemble des **facteurs** qui en sont à l'origine autant que les **conséquences** du burn-out, représentent des dépenses et des pertes de revenus pour l'entreprise.

2
LE BURN-OUT EN FRANCE

- «Technologia», cabinet spécialisé dans la prévention des risques professionnels annonce dans son étude «Le syndrome d'épuisement», au début de l'année 2014 le chiffre de 3 millions de sujets concernés par le burn-out en France

- Une étude réalisée en Belgique indiquait qu'environ 19 000 personnes étaient touchées par le burn-out*

- En France; l'Institut de Veille Sanitaire estimait que la part du burn-out représente environ 7 % des 480 000 salariés en souffrance psychologique liée au travail, soit un peu plus de 30 000 personnes**

Un rapport de l'agence européenne de sécurité et de santé au travail, publié en 2010, situe la France très en retard par rapport aux autres pays européens pour les actions mises en œuvre vis à vis du stress au travail et du burn-out.

Par exemple, au Danemark, un accord patronat-syndicats sur le stress au travail a été signé en 1997. En France ce n'est qu'en 2008 qu'un tel accord a été signé.

En 2011 seules 20% des entreprises françaises de plus de 1000 salariés avaient signé un accord avec les représentants du personnel.
Et encore, le plus souvent cet accord n'a eu lieu que sous la pression de l'inspection du travail.

*Source: Direction générale humanisation du travail. "Recherche sur le Burnout au sein de la population active belge". Service public fédéral Emploi, Travail et Concertation sociale. Bruxelles, 2011.

**Source: Khireddine I, Lemaître A, Homère J, Plaine J, Garras L, Riol MC, et al (Groupe MCP 2012). "La souffrance psychique en lien avec le travail chez les salariés actifs en France entre 2007 et 2012, à partir du programme MCP". Bull Epidémiol Hebd. 2015

Le coût pour l'entreprise

Les effets du stress et du burn-out ont un coût important pour les entreprises. 50 à 60% des journées de travail perdues sont plus ou moins liées au stress.

Selon l'Institut National de Recherche et de Sécurité (INRS), «le coût social du stress professionnel est estimé entre 2 et 3 milliards d'euros, ces chiffres incluant les dépenses de soins, celles dues à l'absentéisme, aux cessations d'activité et aux décès prématurés.»

Ceci n'inclut pas le coût plus difficile à chiffrer de perte de savoir-faire, de désorganisations, de remplacements, de pression à l'augmentation des cotisations sociales.

Or la situation économique et concurrentielle des entreprises (françaises) ne tend pas à une amélioration de la situation.

Les dépenses faites pour éviter le stress et promouvoir le bien-être au travail donneraient «un formidable retour sur investissement» (selon NOKIA, en Finlande), avec **pour chaque euro dépensé 3 euros économisés**.

Quelques faits

Orange, un sinistre record: **10** suicides recensés au premier trimestre 2014, presque autant que pour l'ensemble de l'année 2013.
Un rapport de l'Inspection du travail remis en avril 2010 avait pourtant confirmé des «**méthodes de gestion** caractérisant le harcèlement moral et la mise en danger d'autrui du fait de la mise en œuvre d'**organisations du travail** de nature à porter des atteintes graves à la santé des travailleurs». Cela suite à **35 suicides** entre 2007 et 2009

Des événements semblables se retrouvent à l'Office National des Forêts, chez Renault, EDF-GDF, les banques, Thalès, les agriculteurs...

Le journal «Le monde» le 21 septembre 2016 rapportait: L'ONF, vit dans un malaise quasi quotidien depuis de nombreuses années ... avec une trentaine de suicides en dix ans, et un enchaînement de réformes structurelles. Un audit socio-organisationnel commandé en 2012, avait révélé, après cinq mois d'analyse en interne, une situation préoccupante. Démotivation au travail, niveau de stress élevé, risque important de trouble psychosociaux, perte de repères.

Police et gendarmerie sont en état critique: **709 suicides** en une décennie.
En 2015, 25 gendarmes et 45 policiers se sont suicidés.
(source: Association professionnelle nationale des militaires de la gendarmerie du XXIème siècle)

La police française est dans un état alarmant: **40 à 50** suicides de policiers chaque année en France. Selon une étude de l'INSERM.

Plus de 62 suicides parmi les forces de l'ordre en France en 2017.
En 2018 76 suicides (source:http://www.profession-gendarme.com).

Le 16 janvier 2019, déjà 8 policiers se sont donné la mort. Confirmé au journal «La Croix» par la police nationale.

Les violences et mutilations faites, sur ordre, aux manifestants gilets jaunes, ne vont certainement pas contribuer à remonter l'image, le moral et l'estime de soi des forces de l'ordre.

Ces suicides sont visibles, quantifiables. Cette partie émergée de l'iceberg montre la gravité de la situation du burn out en France.

Mais combien de suicides sont anonymes et invisibles?
Chez les agriculteurs, chez les artisans, chez les «petits» salariés?

Le burn-out est bien plus répandu et bien plus grave que ce que laisse entrevoir les médias et le gouvernement.
C'est pourquoi il est indispensable que chacun puisse se prendre en charge pour l'éviter et/ou s'en sortir.

3
LES MANIFESTATIONS
DU BURN-OUT

Au premier stade: la fatigue

Vous peinez à fournir le travail attendu.
Moins vite, moins bon, moins original, tout juste dans la limite du satisfaisant.
Travailler plus pour ne fournir que le même résultat, augmente votre fatigue et amplifie le phénomène.
Pourtant, on compte encore sur vous. «Allez! Ressaisissez-vous! Vous allez y arriver.»

La fatigue psychologique se caractérise par l'absence d'énergie émotionnelle et physique. Vous manquez de vitalité.
Les conditions même du travail puisent en permanence dans votre capital d'énergie. Ce capital diminue jusqu'à vous laisser usé(e), vidé(e).

Cela est d'autant plus grave si vous ne voyez pas de solution pour sortir de cette spirale descendante ou pour refaire le plein d'énergie.

A ce stade, la fatigue et le manque d'enthousiasme commence à nuire aux échanges, à votre engagement envers votre travail, envers votre fonction et l'entreprise.

→ L'épuisement émotionnel est **l'aspect stress** du burn-out.

Au deuxième stade: le détachement

Si vous cheminez vers le burn-out ou l'avez déjà atteint, vous vous détachez, vous vous fichez de tout. Vous assurez tant bien que mal le minimum.
Cependant, vous commencez à inspirer la méfiance. Il est difficile pour les autres de communiquer avec vous.

Plus question de vous confier un dossier important ou de nouvelles responsabilités.
Allez-vous vous ressaisir ou bien pourrait-on envisager de se passer de vous?

Ce détachement émotionnel et relationnel, ce cynisme, vous font considérer vos collègues, vos élèves, vos clients, vos patients, etc... avec l'indifférence que vous auriez pour des objets.

Cette attitude, non volontaire, tend à vous protéger de situations qui pourraient exiger de l'énergie.

C'est aussi un enfermement, un isolement qui renforce le problème:
• Moins de contacts
• Moins de soutien
• Moins de parenthèses relationnelles qui dé-stressent, qui recharges, qui apportent des solutions ou de l'aide

→ La dépersonnalisation des relations est **l'aspect relationnel** du burn-out.

Au troisième stade : la dévalorisation

Pour l'entreprise

L'ambiance de travail est dégradée: l'équipe ne fonctionne plus aussi bien qu'avant. L'ambiance est pesante.

Cette atmosphère freine les solutions créatives ainsi que les initiatives.
Une ambiance de défiance s'installe vis à vis de l'entreprise et de ses projets. Vous n'y croyez plus.

«Ça ne peut plus continuer comme ça! Il faut faire quelque chose.»
Mais quoi? Puisqu'il n'y a plus de confiance en l'entreprise et en ce qu'elle propose?

A titre personnel

Dévalorisation de soi: dépréciation de vos réalisations, baisse de votre propre estime.
Rien n'est plus perçu comme une réussite.

Ce n'est plus le verre est à moitié plein ou à moitié vide. Le verre est totalement vide.

Cela amène logiquement, une baisse de la motivation.
La perte de la confiance en vous évolue vers un état dépressif et vers l'incapacité à assumer vos obligations professionnelles.
Le manque d'estime et d'accomplissement de soi renforce le phénomène et aggrave encore la situation.

→ Le sentiment que tout est vain, inutile, le sentiment de vacuité personnelle et quasiment d'inexistence, sont **l'aspect auto-dévalorisation** du burn-out.

Attention!

Vous vous dirigez vers le burn-out si:

- Chaque jour est une mauvaise journée
- Assumer votre travail ou bien, la vie chez vous semble un gaspillage total d'énergie
- Vous lever pour aller au travail est une épreuve herculéenne
- Vous êtes épuisé(e) tout le temps
- La majorité de votre journée est consacrée à des tâches que vous trouvez abrutissantes, sans fondement, ternes ou écrasantes
- Vous avez le sentiment que quoi que vous fassiez ne fait aucune différence ou n'est pas apprécié
- Les effets négatifs du travail débordent dans tous les domaines de votre vie, y compris à la maison, dans votre vie sociale, dans vos loisirs

En raison des nombreuses conséquences, il est important de réagir immédiatement. Vous pouvez lire a prévention et la sortie du burn-out. Les chapitres consacrés à la prévention commence au chapitre 10 (page 29).

4
LES CAUSES DU BURN-OUT

Les causes sont multiples et s'additionnent sur des semaines, des mois, voire sur des années.

Stress, fatigue, frustrations et absence de contreparties appropriées préparent le burn-out.

L'événement déclencheur du burn-out peut être:
• Une limite de fatigue qui est franchie,
• Une prise de conscience,
• Un événement: injustice, brimade, surcroit de travail, changement d'outil, remarque, maladie, etc...
C'est la goutte supplémentaire qui fait déborder le vase. Un simple événement, qui pourrait sembler anodin, va provoquer l'effondrement.
Le burn-out va alors se révéler de façon indéniable. Mais revenons aux cause du burn-out. Qu'elles sont-elles?

Les 6 causes du burn-out

1. La charge de travail

Le travail est plus intense, plus complexe, plus difficile à assumer. Malgré, ou à cause, des progrès technologiques (machines, ordinateurs, logiciels sophistiqués, moyens de communication, possibilité d'être joignable tout le temps et partout), le travail sollicite de plus en plus. Et comme si cela ne suffisait pas, il y a moins de place pour des pauses.

Paradoxalement, le travail demande plus de temps. Il est fréquent que les cadres, les artisans, les petits patrons, les agriculteurs, travaillent pendant leurs repas, le soir, chez eux, le week-end... Ce qui entraîne fatigue physique et nerveuse.

Le travail est plus stressant. La France, cocorico!, est la reine de la productivité. En moins d'heures de travail annuelles, les salariés français produisent autant ou plus que leurs homologues des pays développés.
Cela se fait forcément au détriment des conditions de travail.

Faire plus, avec des paramètres plus complexes à gérer, avec plus de contraintes mais avec moins de résultat, moins de temps et souvent moins de moyens pour y parvenir aggrave les choses.

L'entreprise préférerait des robots, mais pour certaines taches elle n'a d'autre choix que d'utiliser des humains. Ils doivent être rentables.

Ouvriers, employés, commerciaux, agriculteurs... Chacun doit produire plus, mieux, moins cher, plus vite. La charge de travail devient pesante

2. La rémunération

La contrepartie du travail bien fait n'est plus juste. (Voir aussi plus loin le point 5: L'équité). Les rémunérations n'ont pas progressé au même rythme que la charge de travail et que la production fournie.

Fini le temps des augmentations de salaires, d'une promotion, d'un poste plus intéressant, d'une prime ou de récompenses.

Les encouragements se font plus rares et ont laissé la place à plus d'exigences sans cesse renouvelées et augmentées. Ou alors ils ne sont que la seule «rémunération» des efforts fournis, du surcroit de travail et du stress supporté.
Cela crée le sentiment d'injustice et de vanité des efforts consentis.

La rémunération n'est plus perçue comme étant en adéquation avec le poste occupé, le stress supporté, les responsabilités assumées, les besoins et les charges de la vie quotidienne.
Le pouvoir d'achat de la majorité des personnes est en baisse.

Les charges de la vie courante (alimentation, loyer, déplacement, éducation, santé, assurances) augmentent plus vite que les salaires ou les retraites.

C'est pourquoi la rémunération est un facteur du burn-out. Elle est trop souvent un sujet de mécontentement, de frustration et de stress

3. Le contrôle

Vous avez de moins en moins le contrôle de ce que vous faites.
Moins d'autonomie dans le travail, mais plus de contraintes:
Plannings plus serrés, budgets et effectifs en baisse, charges en
hausse, normes plus exigeantes, règles de fonctionnement
imposées.
On vous expose que vous avez seulement le choix de subir et
d'obéir. Vous perdez le pouvoir de décider.

Par la diminution de votre marge de manœuvre et de décision
vous êtes déresponsabilisé(e), déshumanisé(e).
Vous perdez aussi la reconnaissance. Vos compétences, votre
personnalité, votre identité ne sont plus reconnues. C'est une part
de votre personne même qui n'est plus perçue, qui disparaît.

Pour peu que le gouvernement ajoute de nouvelles obligations et
plus de contraintes ;
- Vitesse limitée sur les routes, augmentation du nombres de
  radars, rond-points plus nombreux, multiplication des
  ralentisseurs (dont, en 2013, selon le magazine «Auto-Plus», un
  tiers n'étaient pas conformes à la loi)
- 11 vaccins obligatoires,
- Compteurs électrique Linky qui espionnent, polluent et
  détériore l'installation et les appareils électriques,
- Taxes supplémentaires ou augmentées (CSG, RDS, taxes et
  contributions sur l'électricité...),
- Dossiers et justificatifs plus nombreux,
- Restriction des libertés individuelles et collectives, cynisme
  politique et violences policières, justice à deux vitesses,
- Baisse des remboursements de sécurité sociale, baisse des
  prestations familiales, augmentation des frais scolaires,
- Lois fiscales iniques (CICE: Crédit d'impôt pour la Compétitivité
  et l'Emploi), barème, niches fiscales, exonération ou évasion des
  multinationales (même françaises), limitation des paiements en
  espèces à 1000 euros
- Non paiement des primes aux agriculteurs biologiques alors que
  les grands groupes agro-alimentaires sont subventionnés, etc.,

Alors, le sentiment de perte de contrôle sur sa vie et de perte de
liberté est encore plus cruellement perçu.

A cela s'ajoute le sentiment d'insécurité, notamment en
considération de l'avenir (emploi, climat, pollution alimentaire,
disparition d'espèces...), et cela explique pourquoi le taux de

natalité en France est en baisse et devient alarmant puisqu'il est passé sous le seuil de renouvellement des générations, qui est de 2,10 enfants par femme.

Le taux de fécondité en France est en baisse constante depuis plusieurs années.
Il était de 1,87 en 2018, contre 1,89 en 2017, 1,92 en 2016, et 1,95 en 2015.

Ce qui démontre, s'il en était besoin, l'importance de la maîtrise (du contrôle) de son travail, de sa vie quotidienne, de son avenir.

4. L'esprit de groupe

Il tend à disparaître.
La solidarité et la collaboration diminuent. Organisation du travail, déshumanisation des relations (informatique, robot, tchatbot), horaires décalés ou fractionnés; tout est mis en oeuvre pour désolidariser et isoler les travailleurs.
Les discours politiques relayés par les employeurs, le taux de chômage élevé, l'externalisation et la délocalisation mettent une épée de Damocles au dessus de chaque salarié.

Beaucoup sont incités à travailler plus pour gagner autant. Mais du fait des taxes, gagner moins, en réalité.
Au travail, chacun baisse la tête en espérant préserver son emploi. Comme si la soumission ferait que le licenciement toucherait le voisin ou la voisine mais pas soi.
Cette illusion affaiblit la solidarité et renforce la dé-socialisation, l'instabilité et la peur: des facteurs de stress.

Chacun pour soi. La représentation syndicale n'a jamais été aussi faible. La solidarité, l'entraide, le soutien moral entre collègues s'évanouit.

5. L'équité

Les gens perçoivent de façon de plus en plus criante, le déséquilibre de rémunérations entre des dirigeants (extrêmement bien rémunérés, même lorsqu'ils sont licenciés) et qui parfois nuisent à la société, et les personnes dévouées qui font leur part ou plus, sans compensation.

Il y a aussi un déséquilibre entre des personnes ayant un poste protégé et les autres, qui font face à plus de difficultés. Entre un titulaire et un contrat précaire. Entre un fonctionnaire et un sous-traitant pressuré.

L'injustice de traitement entre celui qui bâcle son travail sans aucune sanction et celui qui fournit des efforts et des résultats sans contrepartie accentue les tensions.

6. Les valeurs de l'entreprise

Les valeurs de l'entreprise et celles du salarié sont de moins en moins en phase.

D'un coté, les actionnaires et les dirigeants éphémères qui cherchent le profit à court terme, et à n'importe quel prix, et qui l'obtiennent.

De l'autre, les acteurs de l'entreprise qui y consacrent des années de leur vie, qui voudraient légitimement satisfaire leur besoin de sécurité (pérennité), de juste rémunération et de travail dans des conditions acceptables et qui en sont frustrés.

Telles sont les causes du burn-out:

- Rythme et charge de travail
- Travail et contrepartie
- Contrôle et responsabilité
- Esprit et ambiance au travail
- Iniquité
- Valeurs divergentes

Ces causes, selon leur intensité, leur cumul et leur durée sont facteurs de burn-out.

Selon la proportion des causes, selon les individus, ce cocktail des causes de burn-out constitue un poison plus ou moins rapide.

Bien évidemment, à ces causes s'ajoute le cas particulier du **harcèlement**. Rendre les conditions de travail épouvantables ou impossibles à supporter est un moyen de pousser la personne au burn-out.
Les cas les plus fréquent sont:

- Un mode de «management» sciemment organisé. Par exemple pour ne pas licencier, pour se venger ou pour mettre la pression

- La bêtise ou la méchanceté. Certains en effet, prennent plaisir à tourmenter un(e) collègue qui devient un bouc émissaire

Quoi qu'il en soit les buts et les effets sont les mêmes: La volonté de détruire la personne physiquement et psychologiquement.

Par exemple:
- Placer systématiquement une caissière dans les courants d'air froids
- Fractionner ses horaires pour sous-payer et impliquer des déplacements fatigants et couteux
- Imposer les horaires et les postes de travail les plus pénibles
- Empêcher la prise de vacances convenables
- Affecter la victime au milieu de personnes hostiles
- Muter fréquemment à des postes fatigants et sans intérêt
- Empêcher tout lien social
- Etc.

Dans ce livre, nous n'aborderons pas le harcèlement. Les victimes n'ont de meilleure solution que de s'y soustraire.
Le combattre est louable mais requiert du temps et de l'énergie que la personne aurait tout intérêt à investir ailleurs.

Quant à l'entreprise qui cautionne ce système, il est peu probable qu'elle se soucie du burn-out et des personnes qui en souffrent.

5
A QUI LA FAUTE ?

Le burn-out est il de votre faute ou de celle de l'entreprise?

C'est l'individu qui manifeste le burn-out. C'est donc forcément lui qui ne sait pas gérer son travail et son stress.
On entend dire parfois de celui qui vit un burn-out:
«Il est fragile»
«Elle a des problèmes» (sous-entendu: dans sa tête)
«Il se laisse aller»
«Elle manque de courage»
«Il était trop naïf»
«Elle voulait trop bien faire»
«Il s'est cru mieux que les autres»
«On ne comprend pas, elle semblait normale»
«Il faut être bizarre pour...»
«Bah! Après tout, c'est son problème»
 Etc.

Ce sont souvent les personnes les plus impliquées, les plus investies dans leur travail ou celles qui y mettent le plus d'espoirs, d'engagement et de charge émotionnelle qui sont les plus susceptibles de souffrir du burn-out.

En fait, ce sont les personnes qui font preuve de bonne volonté, qui sont le plus sujet au burn-out.

Caractéristiques communes aux personnes en burn-out:

Parmi les caractéristiques fréquentes des personnes sensibles au burn-out, vous pouvez remarquer chez elles, un ou plusieurs des points suivant:

- Leur obligation de bien faire, de perfectionnisme, la peur du jugement, le besoin d'être irréprochable
- Le besoin de reconnaissance, la peur du rejet, le besoin d'être appréciée, d'être acceptée, d'être aimée

- Le besoin d'être gentille, le besoin de faire plaisir aux autres
- La difficulté à déléguer, à se désintéresser, à laisser aller
- Le manque de relations et/ou de valorisations hors du travail
- Le manque d'assurance et d'affirmation de soi
- A l'inverse, se trouvent aussi des personnes sûres d'elles-même, voire, imbues d'elles-même, confiantes, fières, hautaines et à qui tout réussit (et à qui, dans leurs croyances, tout leur est dû) jusqu'au jour ou tout bascule; échec, licenciement, humiliation, rejet, abandon...

Les raisons profondes qui conditionnent le fonctionnement émotionnel et relationnel de la personne conditionnent également sa sensibilité au burn-out.

Il est flagrant que certains caractères sont plus sensibles aux facteurs du burn-out.
La compréhension et le traitement du «pourquoi» de ces personnalités ressortent de la psychologie ou de la psychothérapie, ce n'est pas le propos de ce livre.

L'idée ici, est qu'il est nécessaire de prendre conscience de son propre fonctionnement et de sa responsabilité.
Un travail sur soi, permet de découvrir les rouages psychologiques de ses fonctionnements et de ses réactions. Ces aspects sont constitutifs de de votre personnalité. Ils induisent les vulnérabilités potentielles.

La faute à l'entreprise?

C'est l'environnement de travail, ce sont les contraintes que l'entreprise impose ou transmet à son personnel qui conduisent au burn-out.
La personne qui manifeste un burn-out est le symptôme du problème, le mode de fonctionnement de l'entreprise en est la cause.
Si l'entreprise n'était pas responsable, comment expliquer le nombre important de burn-out et de suicide dans certaines entreprises alors que d'autres ne connaissent pas ce phénomène?

- Le travail actuel génère plus de fatigue. Le temps qui devrait être gagné par les outils (machines, informatique, moyens de communication) est consommé par plus de tâches, plus nombreuses, plus interactives.

- La souplesse des modes de travail et les multiples ressources devraient favoriser la créativité, et une meilleure organisation. Elles sont en fait des facteurs aggravant.

Joignables en tous lieux, à tout instant, avec un travail plus intense et plus complexe, les personnes n'ont plus de refuge. Cela crée: **plus de stress et plus de fatigue**

- Les budgets sont plus serrés. Les choix stratégiques et organisationnels limitent les possibilités de promotion. La compétition est plus rude entre les entreprises et entre les personnes. La reconnaissance du travail accompli et sa contrepartie disparaissent. Conséquences: **frustration et démotivation**

- Les effets de la crise financière (2008) et le ralentissement économique qui a suivi, ont induit des managements plus directifs, plus brutaux, orientés vers un résultat à court terme. Or, depuis, ce fonctionnement n'a pas été amendé. L'individu y a perdu sa part d'initiative, de créativité, de liberté et de contrôle de ce qu'il fait: **dévalorisation, désintérêt**

- Beaucoup de personnes sont en surcharge de travail quasi constante. Les échanges sont moins fluides, sont déshumanisés. Ils passent par des mails, des textos, des boites vocales, des mémos.
- En compétition ouverte les uns avec les autres, le «chacun pour soi» est présenté comme la norme pour «les guerriers, les battantes, ceux et celles que la direction va distinguer et/ou garder». L'emploi est plus précaire; la collaboration, les échanges et la solidarité diminuent: **isolement, fatigue, manque de ressourcement**

- L'entreprise affiche clairement que les chiffres, les résultats, comptent bien plus que les salariés et parfois même que le développement à long terme de l'entreprise elle-même.

Illustrations:
Un dirigeant licencie; le cours de la bourse augmente, les actionnaires sont aux anges et le dirigeant reçoit une prime ou valorise ses stock-options.

En coupant les investissements de Recherche et Développement, le résultat est amélioré. C'est la même chose en diminuant la masse salariale (contrats précaires, départs, gel des salaires).
En cédant des actifs stratégiques le compte de résultat est meilleur instantanément. Mais c'est vraiment cela littéralement. Il n'est meilleur que dans l'instant.

- Les valeurs de l'entreprise et du salarié sont de moins en moins en adéquation, elles semblent même diverger: **détachement, dégoût**

Ce sont les dirigeants qui ont conduit l'entreprise où elle en est.
Ce sont leurs choix stratégiques, de marchés, de produits, d'innovation, de distribution, de positionnement marketing, de management, d'investissement, qui ont amené ces conséquences.

Trop souvent, causes et conséquence sont confondues. L'attention se porte au mauvais endroit, elle ne peut donc pas apporter la bonne solution.

Dans la stratégie il y a le commandement, l'organisation mais il y a surtout, l'anticipation. Et ce sont bien les dirigeants (l'Entreprise) qui décident de la stratégie.
La salariés «font avec» et le cas échéant, ils subissent les facteurs du burn-out. La part de responsabilité de l'entreprise et de ses dirigeants ne peut donc être ignorée.

Alors, qui est responsable du burn-out?

La responsabilité en vérité, tient à une combinaison entre une personnalité et une structure de travail.

Du coté de la personne, l'envie (le besoin) de bien faire, d'être quelqu'un de bien, d'être reconnue, appréciée et respectée, de faire un travail de qualité, qui fasse une différence, ou encore d'être une icône de la réussite et d'être infaillible. Ou tout simplement le besoin de gagner un salaire quitte à subir.

Du coté de l'entreprise, une organisation du travail et un mode de management qui créent les 6 causes du burn-out (charge de travail, contrepartie, contrôle, intégration, équité, valeurs).

Voici un exemple qui illustre cette question de la responsabilité:

Cela se passe dans l'éducation nationale française:
Stéphanie est institutrice, profondément persuadée qu'elle peut et qu'elle doit aider ses jeunes élèves du primaire à réussir.
Elle en est convaincue, un bon départ de scolarité conditionne une bonne part des futures études des élèves.
Elle supporte mal que certains lui arrivent, si jeunes et pourtant déjà en situation d'échec et de rejet de l'école. D'autant plus qu'il suffit de peu de chose, avec les jeunes enfants, pour que la situation s'améliore rapidement et considérablement.

Mais l'administration interdit, à cette «professeur des écoles» motivée, de sortir du carcan des programmes, des horaires, des méthodes, des «pédagogies» figées qui pourtant font la preuve de leur inefficacité et des dommages qu'elles engendrent.

Après des années à devoir accepter de laisser malmener les vies de ces enfants victimes, à supporter les frustrations, à encaisser les remontrances de sa hiérarchie, l'incompréhension de ses collègues et à essayer d'adapter la pédagogie des programmes ineptes; elle craque.
Même les parents trouvaient qu'elle voulait trop en faire, en leur demandant de s'impliquer dans l'éducation de leurs enfants.

Sa santé diminuée, le morale à zéro, un médecin l'arrête. En décembre 2014, après 2 ans d'arrêt, elle obtient 6 mois d'arrêt maladie supplémentaires. Elle n'est plus en état d'enseigner.

Bien sûr elle aurait pu suivre les conseils de sa hiérarchie:
«Ne faites pas de vague!»
«Contentez-vous de suivre le programme et tant pis pour ceux qui ne sont pas capable de s'y conformer.»
«Pourquoi vous vous en faites? De toute façon, ils seront bientôt sous la responsabilité de quelqu'un d'autre. Prenez-en votre parti et passez à autre chose!»

Elle aurait pu aussi, adopter la philosophie de ceux de ses collègues qui font comme si de rien n'était.
«Tu t'en fous, de toute façon tu ne peux rien y changer.»
«Laisse couler, ne te prends pas la tête avec ça.»
«Tu sais bien que le dirlo ne sera pas d'accord. Laisse tomber!»
«Prends ton salaire et profite! Pourquoi tu t'en fais?! Tu verras, ça ira mieux.»

Les ingrédients du burn-out:

Pour Stéphanie la plupart des ingrédients du burn-out sont là:
- Beaucoup de travail, un système défaillant
- L'absence de contrôle sur son travail
- Le manque de reconnaissance et de contrepartie et même le contraire, des critiques et des réprimandes
- L'isolement (système, hiérarchie et collègues)
- Le poids morale «d'abandonner» des enfants alors même que des solutions existent
- La divergence des valeurs personnelles et institutionnelles

Elle est dégoutée de l'éducation nationale et de l'attitude de ses collègues. Elle sort son fils (7 ans) de l'école publique.

Quelle était la solution?

C'est précisément parce qu'il n'y en avait pas que Stéphanie l'a si mal vécu.

L'éducation nationale veut oublier l'incident et que Stéphanie reprenne le travail, dans n'importe quel établissement correspondant à ses qualifications. Elle se conformera au programme. L'incident sera clôt.
Les enfants seront orientés en fonction de «leur capacité» à suivre l'enseignement qui leur est dispensé. Ils suivront comme ils pourront, la scolarité qui leur correspondra.

Malheureusement, Stéphanie n'est plus en état, émotionnellement et psychologiquement de refaire la même chose dans les mêmes conditions. La seule pensée de retourner enseigner au sein de l'éducation nationale la conduit au bord de la panique.
Son cerveau a été reprogrammé, au cours de ces années. L'évocation d'une salle de classe déclenche un réflexe de peur, puis le désarroi. Ses mains se mettent à trembler, les larmes lui montent aux yeux.

Albert Einstein disait: «C'est folie de faire plus de la même chose et d'espérer obtenir un résultat différent.»

6

QUATRE CROYANCES FAUSSES AU SUJET DU BURN-OUT

1. La personne qui fait un burn-out a un problème. Ou, elle est un problème

Le burn-out est un symptôme. Il est la conséquence visible d'un problème.

Mais ce problème ne provient pas de la personne.
Si le burn-out pose un grave problème; de santé, relationnel, psychologique, d'efficacité et de rentabilité ou d'image pour l'entreprise, ce n'est pas la personne qui, à l'origine, a un problème.

Dans d'autres conditions, dans une autre entreprise, elle n'aurait pas fait de burn-out.
Ce n'est pas un hasard si les cas sont nombreux dans certaines entreprises et inexistant dans d'autres. Il y a même un classement des entreprises où il fait bon travailler. (Great Place to Work)

Le problème n'est donc pas tant lié aux personnes qu'à leur environnement de travail.
En fait, la personne n'a pas de problème. Celui ou celle qui fait un burn-out n'est qu'une manifestation du problème de l'entreprise.

Impossible de nier que la personne en burn-out a un problème. Elle est dévastée, meurtrie, souffrante, diminuée, malade.

Si quelqu'un souffre d'un burn-out, ce n'est que la manifestation d'un problème de l'entreprise, de l'institution, de l'organisation.

2. Le burn-out est un problème individuel

Le burn out est plus qu'un problème individuel.

C'est le déséquilibre entre l'environnement de travail et la personne occasionne le burn-out. Elle n'est donc pas seule concernée.

S'il est vrai que c'est la personne qui manifeste le problème, c'est pourtant au niveau d'un ensemble, dans un environnement dont la personne n'est qu'une partie, que des aménagements pourraient permettre de redonner de l'ardeur au travail et un désir d'engagement.

Certes, il est commode de considérer que c'est à la personne en burn-out de prendre l'initiative de se soigner, d'aller mieux, de renouveler ces relations avec sa hiérarchie et avec ses collègues. Elle pourrait décider de fonctionner autrement dans le même environnement qui a occasionné son burn-out.

Elle peut reconsidérer ses priorités, comprendre ce qui l'affecte, chercher à changer sa sensibilité et trouver une autre manière de fonctionner et de réagir aux stimuli (stress, manque de contrôle, brimades) du travail.

Mais la plupart des éléments à l'origine du burn-out dépendent de l'entreprise: rémunération/contrepartie, organisation, charge de travail, contrôles, collaboration, équité et valeurs de l'entreprise.

Limiter le champ d'investigation, de responsabilité et de traitement à la seule personne en burn-out renvoi au point précédent; considérer que seule la personne a un problème, qu'elle est seule concernée et que la réponse se limite à elle seule.

Cette limitation reviendrait à considérer que des améliorations ne profiteraient pas à l'ensemble des personnes du service (de l'usine, du département, de l'entreprise) ni à la société elle-même, dans son ensemble.

3. Le burn-out ne concerne que la sphère personnelle

Des améliorations sur ces 6 causes du burn-out en entreprise seront bénéfiques à l'ensembles des salariés et à l'entreprise elle-même.

C'est l'individu et ses proches qui détiendraient la solution puisque ce sont eux qui subissent le problème. Sous-entendu; une fragilité était présente avant, qui n'a pas été correctement gérée.
Le burn-out n'affecterait que la personne, sa santé, sa vie personnelle, sa vie sociale et un peu sa vie professionnelle et ses relations dans le cadre du travail.

Or, le travail de la personne et le travail d'équipe est fortement perturbé par le burn-out.

Un travail personnel, une thérapie, un temps de réflexion sur le sens de son engagement dans le travail ou des vacances seront certes nécessaires. Un regain d'énergie, de motivation et de volonté d'assumer son travail sont également souhaitables.
Cela ne suffira pas.

La personne pourra essayer de redonner du sens à son travail. Elle pourra trouver de nouvelles priorités dans sa vie mais la dimension professionnelle n'y gagnera rien si rien n'y change. Cela pourra tout juste l'inciter à se désinvestir de son travail tel qu'il est, afin de ne plus en souffrir.

De plus, cela ne changerait rien non plus, pour les autres personnes travaillant dans le même environnement et sous les mêmes contraintes.

Même si cela ne les affecte pas au point d'entrainer un burn-out; des améliorations sur les 6 causes* du burn-out profiteraient à tous les salariés.

* Rythme et charge de travail, contrepartie, contrôle et responsabilité, esprit et ambiance au travail, iniquité, valeurs.

4. La personne affectée par le burn-out va démissionner

Les démissions pour burn-out sont extrêmement rares. De plus, elles peuvent être re-qualifiées et couter d'autant plus cher à l'entreprise.

L'état de l'économie et de l'emploi réduit les opportunités. Il est difficile de trouver un emploi plus motivant, plus sécurisant, plus valorisant ou mieux rémunéré.

Les personnes qui souffrent d'un burn-out vont s'accrocher à leur poste actuel. Elles vont fournir le minimum, se sentir fatiguées, devenir cyniques et peut-être polluer l'entité dans laquelle elles travaillent. Elles vont être en arrêt maladie, devenir inutiles, mais démissionner pour se trouver sans ressources, c'est peu probable.

Elles perdraient le peu de choses qui les maintient à flot.
Un harcèlement pour les pousser vers la sortie ne pourrait qu'aggraver la situation et bien entendu, il pourrait se retourner contre l'employeur.

D'autre part, pour postuler ailleurs, il faut être motivé et avoir de l'énergie. Il vaut mieux se sentir bien, l'esprit entreprenant, confiant en soi, optimiste quant à son succès, plein de volonté d'apporter quelque chose (de plus) à son futur employeur.
Une personne qui atteint le stade du burn-out, n'a plus cette énergie et n'est plus dans cet état d'esprit.

Enfin, si un jour était acceptée l'idée que le burn-out est une maladie professionnelle (ce qu'elle est), le salarié aurait d'autant moins intérêt à démissionner que sa maladie serait prise en charge.

Pour résumer et rétablir les croyances erronées liées au burn-out:

La personne n'a pas, à priori, de problème.

La personne en burn-out n'est pas un problème. Elle révèle le problème. Elle pose la question: Comment l'entreprise peut-elle fonctionner si mal qu'elle mène ses employés au burn-out?

Le burn-out est un problème collectif. S'il se vit principalement au niveau individuel et personnel, il concerne l'ensemble de l'environnement professionnel.

D'où la réflexion du chapitre suivant...

7

BURN-OUT ET SYSTÈME

1/L'entreprise fonctionne comme un organisme

Avec une approche systémique*, considérer que la personne qui souffre d'un burn-out a un problème, ou que le burn-out pose le problème de la personne, prend une autre signification.

La systémique considère que le tout est dans la partie comme la partie est dans le tout. C'est le principe des fractales, qui se reproduisent à l'infini.

Cela signifie que, si l'entreprise a un problème, les personnes de l'entreprise ont un problème et que, si une personne de l'entreprise manifeste un problème à cause de son travail, c'est que l'entreprise elle-même a un problème.
En l'occurrence le burn-out traduit un problème de l'entreprise.

Exemple:

Si un commercial est désagréable, si une hôtesse d'accueil n'est pas courtoise, si un cadre est un tyran, cela ne traduit pas uniquement le caractère de ces personnes.

En tant que membre/représentant de l'entreprise, elles incarnent, vis à vis des tiers, et des autres salariés, l'entreprise qui les emploie. Elles traduisent, elles manifestent, les valeurs et l'attitude normale de l'entreprise.
Si l'entreprise a embauché ces salariés, si elle n'a rien fait pour les amender ou pour les former, si elle les maintient à leur poste, si elle encourage ou accepte leur attitude, c'est que l'entreprise cautionne ce genre d'attitude et donc, qu'elle lui correspond.

*La systémique est une méthode qui étudie les sujets complexes de façon globale, contrairement à une analyse scientifique conventionnelle qui va tendre à réduire un sujet en ses différentes sous-parties, analysées séparément.

Illustration:

Mon père est décédé d'un cancer du pancréas. Pour lui, c'était son pancréas qui avait le cancer et qui était malade, pas lui. Donc, il a confié son pancréas aux médecins et lui a considéré qu'il n'avait rien à faire.

Il a été très en colère que son pancréas ne comprenne pas qu'il était responsable de ce qui arrivait à l'ensemble du corps. Très en colère aussi de mourir à 66 ans, avec une retraite bien gagnée, une belle maison, une famille, des amis, mais un pancréas qui ne faisait rien par lui-même pour guérir, l'imbécile.

Il s'est passé à peine un an entre le diagnostic et le décès. Et pendant tout ce temps le pancréas n'a pas changé de vie, n'a pas essayé de se demander comment il en était arrivé là, n'a pas tenté de faire autrement, ne s'est pas pris en charge, n'a pas consulté de spécialiste. Il ne s'est pas renseigner sur les alternatives ou sur les cas de guérison. Il n'a pas tout tenté. Il ne s'est pas demandé comment faire, comment multiplier ses cellules saines à la place de multiplier des cellules cancéreuses.
Vraiment, il y a des pancréas exaspérants!

L'opérateur tête à claque, le pancréas récalcitrant et la personne qui souffre d'un burn-out... c'est leur problème! A eux, et à eux seuls!
Hum? Pas si sûr.

2/Le burn-out est un signe

Si vous savez que seulement environ 20% des clients insatisfaits manifestent leur mécontentement; vous savez que le client mécontent est représentatif de nombreux clients mécontents qui ne disent rien.
De la même façon; une personne qui souffre de burn-out, rend visible un problème présent dans l'entreprise. Un problème qui existe pour de nombreux salariés, sous différentes formes. Un problème qui représente un coût masqué et qu'il serait économiquement judicieux de considérer et de traiter.

Si vous avez mal aux dents, ce n'est peut-être qu'une seule dent qui est cariée. Pourtant cette carie peut vous empêcher de dormir, de manger, de vous concentrer, de prendre l'avion...

Est-ce pour autant la faute de la dent? Oui, peut-être, mais est-ce que ça ne pourrait pas venir aussi de votre alimentation, de la façon dont vous vous brossez les dents, du choix de votre dentifrice, du taux d'acidité de votre salive?
Et quand bien même ce serait la la faute de la dent. Faut-il attendre qu'elle tombe? Faut-il attendre, ça finira bien par passer? Ou faut-il l'arracher pour en finir vite?

Le burn-out sonne l'alerte; quelque chose n'est plus équilibré. Rejeter la faute sur la dent, sur le pancréas ou sur le dos, sur la mode du burn-out ou sur la personne et espérer que le problème va se régler de lui-même n'est pas raisonnable.

3/L'intérêt de l'entreprise

Des employés très qualifiés, ayant des compétences acquises sur des années, qui sont capables de jugement personnel et d'initiative, sont un trésor pour une entreprise.
Cela est d'autant plus vrai lorsqu'ils sont au contact de la clientèle, qu'ils doivent faire face à des défis ou qu'ils doivent réagir efficacement dans un environnement complexe.
Dans un monde concurrentiel, la créativité peut être une réponse pertinente et plus rentable qu'une lutte sans fin pour baisser les coûts.

Gérer les ressources humaines comme on gérerait des pièces de rechange dans un stock, n'a pas de sens commun.

Ignorer un problème n'est pas le solutionner.

Croire que les personnes sont identiques et interchangeables, ne fonctionne que tant que vous n'avez pas besoin de compétences.

Certaines personnes ont une expertise rare, une compétence pointue.
D'autres apportent par leur personnalité ou leur savoir-faire une vraie valeur ajoutée.
Elles sont capables d'imaginer des solutions nouvelles, de se dépasser pour leur travail, de satisfaire les clients, de supporter un surcroit de travail. D'apporter beaucoup à l'entreprise qui les emploie.

Pour celles-là, et pour le rayonnement qu'elles peuvent avoir dans et pour l'entreprise, une culture d'engagement, la valorisation des

potentiels, le Développement des Richesses Humaines prend tout son sens.
Ce qui nous mène à la prévention du burn-out.

B/ Comment prévenir le burn-out

8
PRÉVENTION À MINIMA

Pour ne pas devenir une victime du burn-out vous devez prendre des mesure de protection.

Voici les principales:

1/ Ne travaillez pas plus que de raison

- Ne promettez pas des délais impossibles à tenir. Ne prenez pas ou n'acceptez pas, par faiblesse, par vanité ou par ambition, un travail supplémentaire alors que vous êtes déjà sur-occupé(e). Ou alors, cela ne peut-être que ponctuel et exceptionnel, pour une raison ou dans un cadre particulier

- Prenez des pauses. Faites un tour, quittez votre travail pour aller chercher quelque chose, apporter en personne un document, demander un renseignement. Allez boire quelque chose, allez aux toilettes, intéressez-vous au fonctionnement d'un autre service...

- Prenez vos vacances!

- En fin de semaines et pendant vos vacances faites quelque chose de différent des autres jours (arrêtez l'adrénaline). Le repos est aussi nécessaire à l'esprit que le sommeil au corps.

Parenthèse:

Un des meilleurs vendeurs de chez Xerox de la région parisienne relevait tous les défis. Il gagnait la plupart des compétitions entre vendeurs. Et, grâce aux primes, il gagnait bien sa vie. Chaque année, ou chaque trimestre, la barre était placée un peu plus haut. Chaque fois, il devait faire un peu plus d'efforts pour atteindre ses objectifs et gagner les primes.

Il était tellement bon qu'il fut promu responsable commercial. Cela lui fut plus ou moins imposé et présenté au titre de ses succès, d'une promotion méritée et du prestige que cela représentait.
Du coup, il gagnait parfois moins que ses vendeurs car il n'avait plus droit aux même primes, bien qu'il travaillât davantage.

La situation était paradoxale; il travaillait plus qu'avant, ses vendeurs travaillaient mieux et vendaient plus qu'avant. Ils gagnaient d'avantage et l'entreprise aussi.
Lui travaillait plus, avait plus de responsabilités, apportait beaucoup plus à l'entreprise, mais il avait une vie moins agréable et il gagnait moins.

En fin de semaine, il jouait au tennis. Comme il était un battant dans l'âme, il participait à des compétitions et à des tournois.
Il était classé 15 quelque chose, bien meilleurs que moi. Il me battait facilement et cela ne l'amusait pas vraiment.

En travaillant plus, il était plus fatigué le week-end. Il n'avait plus le temps de s'entraîner le soir, pendant la semaine, et il devenait difficile de maintenir son niveau. Il a commencé à perdre plus de matchs... Une frustration de plus.

2/ Si vous travaillez plus, obtenez plus

Si vous acceptez de faire plus, sachez ce que vous obtenez en plus.

Une bonne appréciation? Une augmentation? Est-ce un test préalable à une promotion? Est-ce exceptionnel et l'entreprise vous en sera-t-elle reconnaissante?
Par exemple, obtiendrez-vous plus facilement une faveur en contrepartie?

Pouvez-vous faire plus et est-ce normal car vous n'êtes pas encore débordé, ou est-ce que ces 10, 15 ou 20% de travail en plus vont dépasser les 105% ou 110% où vous êtes déjà?
Soyez conscient de ce que vous acceptez et des implications de votre accord.

Je ne prétend pas que vous deviez vous battre bec et ongles contre chaque requête qui vous est formulée. Il ne s'agit pas de devenir un revendicateur infernal qui bloque le fonctionnement normal de toute entreprise.

Dans le cadre de ce livre, au sujet du burn-out, veillez juste à rester vigilant, de ne pas glisser insidieusement vers des excès irréversibles.

3/ Intégrez une communauté

Maintenez ou tissez des liens avec vos collègues. Profitez de vos pauses ou des repas pour discuter, questionner, échanger. Intéressez vous au travail de vos collègues quand vous les rencontrez sur leur lieu de travail. Parlez d'autre chose pendant les repas ou après le travail.

Les pubs de la City, à Londres, sont pleins chaque soir de personnes qui font une pause de transition, un verre à la main. C'est le sas de décompression entre le stress du travail et le retour à la vie personnelle.

Préservez vos activités extra-professionnelles. Rencontres, loisirs, sport, sorties.
- Idéalement: Ayez des activités qui vous aèrent la tête et la vide de ses tracas
- Qui vous fassent rencontrer du monde avec lequel vous échangez et sympathisez
- Qui constituent une activité physique bonne pour la santé comme pour le moral

Libre à vous de préférer un club d'échec, une troupe de théâtre, la peinture, le golf, le vélo, la randonnée, le jardinage, les soirées Scrabble ou le bridge.

4/Assumez vous! Respectez-vous!

Si vous ne le faites pas, les autres ne le feront pas pour vous.

Vous n'êtes pas nécessairement maître(sse) des décisions de l'entreprise. En revanche vous êtes responsable de vous même et de ce qui vous arrive.
Oui, oui! Aussi de ce qui vous arrive.

Certaines personnes sont respectées et se font respecter si elle le jugent nécessaire. Vous pouvez en faire autant.
Si vous subissez une injustice; que quelqu'un reçoive ce qui vous est dû, que vous receviez un blâme non fondé, qu'une augmentation vous échappe, que l'on vous manque de respect, que l'on vous traite comme un larbin, etc. Vous avez le choix:

➡De ne pas l'accepter (par votre attitude, votre refus, vos actes, vos paroles)

➡ De dire ce que vous en pensez. Vous exposez vos arguments qui prouvent que c'est inique. Vous dites en quoi cela ne vous convient pas, vous exprimez ce que vous voulez à la place ou ce que vous demandez en compensation
➡ De l'accepter sans rien dire

Bien sûr, si le mal est fait, que vous l'acceptiez ou non ne changera pas grand chose. Mais vous aurez exprimé votre position sur la question et vous aurez énoncé qu'il n'est pas question que cela se reproduise.
+ Vous vivrez certes la frustration d'avoir été lésé(e), mais pas celle de ne pas vous être exprimé(e)
+ Vous vous êtes respecté(e), à défaut d'avoir été respecté(e) par votre hiérarchie.

Ensuite, à vous de considérer les possibilités que vous avez de changer les choses, les opportunités existantes ou à créer pour que vous trouviez une solution positive pour vous.

L'injustice ou l'iniquité de traitement amène le point suivant:

5/ Connaissez vos valeurs

Qu'est-ce qui est important pour vous et en quoi est-ce important pour vous?

Les valeurs sont ce qui est le plus important pour vous, voire plus important que vous.
Généralement, vous réagissez spontanément quand une de vos valeurs est dénigrée, trahie ou bafouée.
Cela vous met en colère ou cela vous blesse profondément.

Quelles sont vos valeurs?
• Que vous ayez des convictions politiques, religieuses, morales ou un attachement fort à une idée ou à un concept, il importe que vous connaissiez vos valeurs et que vous en ayez conscience
• Il est également important que vous osiez l'exprimer, pour vous-même
• Il est Préférable que vous sachiez aussi l'exprimer aux autres, sans vous sentir gêné(e)
+Respect de vous-même par vous-même et accueil de qui vous êtes par les autres.

Exemple de valeurs:

Famille, honneur, droiture, amour, partage, réussite, prestige, esprit de classe, noblesse, respect, maîtrise de soi, justice, pouvoir, honnêteté, confiance...

Vous avez vos propres valeurs qui ne sont pas celles d'un(e) autre et qui ne s'exprime pas de la même façon.

Généralement, quand une de vos valeurs est dénigrée, trahie ou bafouée cela vous fait réagir spontanément, sans réfléchir.

Vous avez une personnalité qui vous est propre. Les valeurs en font parties.

En connaissant vos valeurs vous pouvez mieux vous respecter et aussi vous assurez de leur adéquation avec celles de l'entreprise qui vous emploie.

6/Trouvez l'entreprise qui vous correspond

- Voudriez-vous travailler pour une entreprise qui pollue? Qui exploite son personnel? Qui ne respecte pas la loi? Qui licencie pour une fraction de profit rapide en plus? Qui pratique la discrimination (couleur, orientation sexuelle, homme/femme, politique...)?
- Qui travaille dans l'armement? Qui exporte des déchets toxiques? Qui met en danger ses salariés? Qui exploite des clandestins?
- Qui recoure à l'intérim pour rompre tout lien social entre les salariés?
- Qui tolère le harcèlement sexuel?
- Qui torture les animaux?
- Qui délaisse son pouvoir de décision à un fond de pensions étranger?
- Dont les dirigeants utilisent l'argent que vous leur faites gagner à des fins que vous condamnez?
- Qui exploite des enfants dans certains pays?

Il ne s'agit pas de porter un jugement, chacun a ses propre valeurs qu'il estime légitimes. Il s'agit seulement de savoir comment vous le vivez et si cela ne risque pas d'aller à l'encontre de ce qui est important pour vous.

Pour certaines, la famille est la valeur motrice de leur vie.
Pour certains, c'est le succès, la réussite, être le premier.

Les champions ne disent pas qu'ils ne veulent pas vraiment gagner. Ils ne disent pas non plus que réussir ou devenir le meilleur ne les intéresse pas.
Pas plus qu'ils ne disent qu'ils sont devenus champions du monde malgré eux, qu'ils ont battu un record sans le faire exprès.

Il est plus confortable de travailler lorsque vous partagez les valeurs et la vision de votre employeur, de vos clients, de vos collègues.

A défaut, vous risquez, à un moment ou à un autre de le vivre moins bien, d'être mal à l'aise.
Si vous étiez en conflit intérieur avec vous-même, ce serait un facteur de stress supplémentaire.

En résumé, à minima:
1. Ne travaillez pas plus que le raisonnable
2. Si vous travaillez plus, obtenez plus
3. Intégrez une communauté (un club, une association,...)
4. Respectez-vous, assumez qui vous êtes
5. Connaissez vos valeurs et soyez en accord avec elles
6. Choisissez une entreprise qui vous correspond

9
PRÉVENTION ACTIVE

Voici une liste de choses qui font une énorme différence lorsque vous les appliquez:

1/Connaissez-vous! Reconnaissez vos besoins!

☑ Trouvez vos priorités
En déterminant vos priorités vous trouverez votre style de vie.
Faites, et faites d'abord, les choses importantes pour vous.

☑ Trouvez ce qui est important pour vous
Si c'est important et que vous voulez l'avoir fait avant de mourir, faites-le aujourd'hui! Même si tout n'est pas parfait. Faites-le aujourd'hui et corrigez au besoin, chemin faisant!

☑ Prenez conscience
Ayez conscience que ce que vous craignez le plus de faire est généralement ce que vous avez le plus besoin de faire.

☑ Déterminez votre objectif
Que voulez vous faire de votre vie?
Que voulez-vous faire dans la vie?
Que voulez-vous accomplir dans votre travail?
Est-ce que ce que vous êtes en train de faire professionnellement et personnellement vous approche de votre objectif?

- Si oui. Youpi! Comment pouvez-vous faire mieux, plus agréablement, plus rapidement?

- Si non. Zut! Que devez-vous changer pour vous en rapprocher? Que devez-vous faire ou que devez-vous faire différemment pour que ça change dans le bon sens?

2/Reprenez le contrôle

☑ Assumez votre part de responsabilité

Il est de votre responsabilité d'empêcher le superflu et l'accessoire de se mettre en travers de l'accomplissement fluide de l'important.

Même si l'univers semble prendre un malin plaisir à vous bombarder de choses superflues.
Concentrez-vous sur l'important et laissez de côté le superflu. Même si c'est difficile, car les choses importantes sont souvent moins confortables à réaliser.

☑ Appliquez-vous à être plus efficace

Être efficace, c'est faire des choses qui vous rapprochent de vos objectifs, c'est obtenir le résultat.
Être performant, c'est accomplir une tâche donnée de la manière la plus économique possible.

☑ Appliquez la loi de Pareto (20/80)

Réfléchissez et éliminez les distractions contre-productives. Consacrez votre temps et votre énergie sur ce qui vous rapporte 80% de résultat pour 20% d'investissement.
Arrêtez de perdre 80% de votre énergie et de votre temps sur ce qui ne vous rapporte que 20% de résultat.

Imaginez que, au lieu de faire 20 pour obtenir 80, + 80 pour obtenir les 20 restant, soit 100 de résultat pour 100 d'investissement, vous mettiez en place un système ou vous feriez:

20% pour 80% de résultat
+ 20 pour 80 de résultat
+ 20 pour 80 de résultat
+ 20 pour 80 de résultat
+ 20 pour 80 de résultat
Soit un résultat de 400 pour un investissement de 100.
Ou alors 160 de résultat pour seulement 40 d'investissement.
Ou un choix qui vous corresponde mieux.

☑ Soyez performant pour vous

La performance est inutile si vous ne l'appliquez pas aux bonnes choses.
Il serait dommage de gravir une échelle pour vous rendre compte une fois en haut, qu'elle n'est pas contre le bon mur

☑ **Adoptez de nouvelles règles**
Par exemple, faites-vous une règle d'éviter toutes les réunions, y compris téléphoniques, qui n'ont pas d'objectifs précis

☑ **Apprenez à dire non**
Si vous avez déjà plus de travail que vous ne pouvez en assumer correctement, n'acceptez pas d'en avoir plus. Dites non!
Apprenez à dire non aux demandes qui prennent votre temps!

Si vous trouvez cela difficile, rappelez-vous que dire «non» vous permet de dire «oui» aux choses que vous voulez vraiment faire.

-«... il faudrait que vous me fassiez ça pour la semaine prochaine.»
«Non! Ce n'est pas possible.»

-«Ce dossier est en retard, réglez moi ça tout de suite!»
«Non. Je ne peux pas le faire.»
-«Je ne vous demande pas si vous pouvez le faire. Je vous dis de me régler ce problème!»
«Non! C'est infaisable. C'est incompatible avec ce que j'ai en cours et que je dois impérativement terminer.»

-«Ah, mon petit Tartempion, il y a ce truc urgent à faire. Tenez! faites moi ça rapidement! J'en ai besoin, c'est urgent.»
«Non. Je vous remercie d'avoir penser à moi pour ce travail mais je ne peux pas le faire.»

Vous n'avez pas à vous justifier. C'est comme ça. Dites non calmement, poliment, sans peur et sans animosité, de façon neutre.

Si l'autre insiste, après tout, difficile de ne pas obéir à un supérieur, c'est à lui d'assumer les conséquences et de prendre la décision.
«Si je règle ce problème, je ne peux pas faire ... ceci, cela... Il faut faire un choix. Est-ce que c'est bien ce que vous voulez?»

☑ **Questionnez-vous**
•Qu'est-ce qui vous pousserait à accepter? Qu'est-ce qui, en vous, vous obligerait à faire encore plus?

Après tout, tout le monde n'accepte pas de subir, de travailler toujours plus, de faire plus d'efforts, plus de concessions.

C'est bien quelque chose en vous qui vous conditionne à vouloir supporter plus que vous ne pouvez réellement supporter.

- Avez-vous vraiment le contrôle de vous-même?

Qu'elle est cette part de vous qui vous pousse à agir contre votre intérêt?

- Une fois que vous en avez pris conscience; comment pouvez-vous fonctionner autrement pour décider de ce qui vous convient? Comment ne plus vous sentir obligé ni subir?

3/Socialisez

☑ **Développez vos relations sociales** en dehors du travail

☑ **Echangez avec vos collègues**

Discutez avec vos collègues, parlez d'autre chose que de travail. Parlez du burn-out, abordez les questions de santé, connaissez leurs valeurs, faites leur prendre conscience d'eux-même.

☑ **Sortez! Rencontrez du monde**

Et, surtout si ce n'est pas dans votre nature, appliquez-vous à avoir des relations humaines! (pas informatiques ou virtuelles) Associations, clubs, sport, loisirs

☑ **Rencontrez du monde, écoutez, parlez! Existez en dehors du travail**

- Sympathisez avec la boulangère, avec le cafetier, avec la caissière, avec le vigile, avec la femme de ménage, avec le député-maire à sa permanence, avec votre voisin.
- Prenez des cours de danse ou de calligraphie, encadrez des scouts, adhérez à une association d'aide aux personnes âgées, faites leur la lecture ou partagez un café et des petits gâteaux avec elles, faites de la politique!

☑ **Faites (vous) plaisir, prenez du bon temps**

- Vous avez des enfants? Jouez avec eux!
- Vous avez un compagnon, une compagne? Partagez une parenthèse, un moment agréable!
- Vous êtes seul(e), c'est parfait! Vous pouvez organiser votre planning de rencontres, de loisirs, d'activités avec d'autres, comme bon vous semble.

4/Changez

Si ce que vous faites et votre façon de procéder jusqu'à présent ont eu pour conséquence de vous menez à l'insatisfaction ou au burn-out, si vous faites plus de la même chose, vous obtiendrez plus du même résultat.
Il y a donc quelque chose à changer si vous voulez obtenir mieux.

☑ **Commencez la journée avec un rituel de détente**
Au lieu de vous réveiller péniblement ou plutôt que de sauter du lit dès que le réveil sonne, faites autrement.
Passez dix minutes à méditer, à rêvasser, à écrire vos rêves, à écouter de la musique (mais pas les informations cataclysmiques). Rédigez votre journal, faites des étirements doux, du yoga. Lisez quelque chose qui vous inspire ou qui vous met de bonne humeur.

☑ **Prenez une pause technologique quotidienne**
Définissez une heure chaque jour où vous vous déconnectez complètement.
- Fermez votre ordinateur portable
- Mettez sur «avion» votre téléphone
- Éteignez votre tablette
- Arrêter de vérifier vos courriels, facebook, twitter, instagram, pinterest...
- Rangez la console de jeux!

Personnellement, j'ai décrété de ne plus travailler après 21h00. Les premiers temps je faisais des écarts sans même m'en rendre compte, par habitude. Et puis de plus en plus je m'y suis tenu.
Et ça tombe bien, car l'heure de la douche et du coucher de mon bonhomme de 9 ans marque une parfaite transition entre travail et détente.

☑ **Nourrissez votre côté créatif**
La créativité est un puissant antidote à l'épuisement professionnel. Essayez quelque chose de nouveau, commencez un projet amusant, ou reprenez votre activité artistique favorite.

Choisissez des activités qui n'ont rien à voir avec le travail!

Les loisirs créatifs sont efficaces:
- Ils vident le cerveau des tracas
- Ils stimulent l'hémisphère droit du cerveau, ce qui ré-harmonise et rééquilibre son activité (L'hémisphère gauche décompose les

problèmes et analyse. L'hémisphère droit s'intéresse au tout et innove)
- La satisfaction éprouvée (plaisir de l'activité et plaisir de réaliser concrètement quelque chose) déclenche la sécrétion d'endorphine et de dopamine (hormone de la récompense et du plaisir) ce qui est bon pour le moral et pour la santé.

☑ Vous êtes très actif? Essayez la méditation

Ses bienfaits pour le cerveaux sont démontrés.

La méditation se pratique avec bénéfices depuis des milliers d'années.
Si l'argument n'est pas suffisant, une étude de 2009 menée au Danemark a conclu que la méditation avait un effet physique positif mesurable: une augmentation de la densité de matière grise dans le tronc cérébral.

Méditer seulement dix minutes par jour régulièrement va progressivement reconnecter votre cerveau afin que vous soyez naturellement plus en mesure de vous concentrer sur la tâche à accomplir.
Mieux vous concentrer vous permet de terminer ce sur quoi vous travaillez, puis de passer à autre chose et de vous recharger lorsque le travail est fait.

Astuce:

Si vous luttez pour inclure ne serait-ce que 10 minutes de méditation dans votre journée, vous pouvez utiliser un truc.

- La prochaine fois que vous devez effectuer une corvée monotone, comme par exemple mettre à jour d'un tableau de bord, parcourir le même couloir de métro ou placer toujours le même dossier au même endroit;

Concentrez-vous à fond sur la tâche!
Evitez de faire ou de penser à autre chose, concentrez-vous sur la tâche! Ne réfléchissez à rien d'autre, concentrez-vous et laissez-vous absorbez par la tâche.

Henepola Gunaratana explique dans «Mindfulness In Plain English» (la pleine conscience en anglais courant), que c'est difficile à faire. Que «Votre esprit va vagabonder en permanence, s'élançant alentour comme un bourdon et pointant sur des tangentes sauvages.»

Il reconnait que l'éparpillement de l'esprit est un phénomène bien connu, que tout méditant, peu importe que vous soyez inexpérimenté, peut aller au-delà et atteindre la concentration mentale et la clarté.

Cultiver la pleine conscience et la méditation vous aidera également à reconnaître les symptômes de l'épuisement professionnel plus tôt et ensuite vous aidera à résoudre le problème sous-jacent.

10

SANTÉ

Votre santé est généralement négligée par les médecins et par les «psycho-chiatres» qui traitent le burn-out. Au mieux, essaient-ils de palier aux problèmes de votre santé en faisant au plus simple: antidépresseurs, anxiolytiques, somnifères, anti-douleurs. Cela ne règle ni le problème ni ses origines. Cela vous assomme ou vous abruti, vous vous tenez tranquille et vous enrichissez les laboratoires et les pharmaciens.

C'est pourquoi, la santé, **votre santé** fait l'objet d'un développement particulier dans cet ouvrage. Les quatre chapitres qui suivent y sont consacrés.

Leurs propos ne sont pas conventionnels et ne sont pas à l'avantage des industriels.

Ce qui conditionne votre santé, ce qui l'affecte et les éléments en interaction avec elle vous sont présentés et détaillés afin que vous puissiez le plus possible la préserver ou la recouvrer.

1/ Ce qui affecte votre santé

En premier lieu, le stress.
Tout stress fait travailler vos glandes surrénales.
Celles-ci, non seulement vous procurent l'adrénaline et le cortisol pour gérer le stress, mais également les éléments pour fabriquer vos hormones sexuelles (masculines et féminines).
Dès que l'activité des surrénales s'éveille, la thyroïde, l'hypophyse et l'hypothalamus sont alertés.

La nature cherche l'harmonie, et normalement tout se rééquilibre, quand le stress s'arrête.

Cependant, si le stress persiste (travail, soucis, mauvaise nourriture, produits toxiques, toxines*) les surrénales se fatiguent, les hormones sexuelles en pâtissent, la thyroïde s'excite, s'emballe, ou au contraire se fatigue, le niveau de cortisol devient excessif.

*Une toxine est une "substance toxique élaborée par un organisme vivant»: bactérie, insecte ou serpent venimeux, champignon vénéneux, plante ou vous-même dans le cas du cortisol en excès.

Un niveau élevé de cortisol, dû par exemple à un stress prolongé, affecte tous les systèmes physiologiques de votre corps.
L'hypophyse et l'hypothalamus se dérèglent. Une cascade de perturbations peuvent en suivre.

L'excitation des surrénales réduit le besoin de sommeil, ce qui pour quelqu'un qui travaille beaucoup peut sembler une bonne chose.
Mais c'est un piège. Tôt ou tard, la personne qui fonctionne en surrégime le paye, tout comme le conducteur qui conduit sa voiture en maintenant son moteur en zone rouge trop longtemps.

Le cortisol est aussi l'hormone du vieillissement prématuré, mais ses effets sont plus discrets que ceux de l'adrénaline, ils se manifestent plus lentement mais malheureusement plus durablement.

Effets négatifs du cortisol

Par un stress important et durable, le niveau de cortisol devient trop élevé. Il peut vous rendre anxieux et irritable mais également conduire à:
- Un gain de poids, ou à des problèmes digestifs par une diminution de vos sécrétions digestives
- Une perte osseuse
- Du diabète
- Un risque de maladie cardiovasculaire (il augmente la pression artérielle)
- Epuiser votre énergie

Cela met votre corps dans un état de stress constant qui va sursolliciter vos glandes surrénales, fatiguer votre système digestif et vous faire vieillir plus rapidement.

Si vous voulez rester jeune et être en bonne santé, vous devez avoir un taux de cortisol équilibré.

Si j'insiste sur le sujet c'est qu'il est très important pour votre santé. Il est même considérable, pour éviter ou limiter les dommages graves et irrémédiables qui peuvent accompagner le burn-out.

Les découvertes récentes devraient alarmer les pouvoirs publics soucieux de ne pas aggraver le déficit de la sécurité sociale. (A défaut de se préoccuper de la santé des citoyens)

Les effets secondaires du cortisol chroniquement élevé incluent:
Anxiété
Maladies auto-immunes
Cancer
Fatigue chronique
Rhume
Déséquilibre hormonal
Maladie du côlon
Problèmes de thyroïde
Résistance à la perte de poids

2/Les manifestations visibles

Un stress prolongé et le burn-out, qui va au-delà du stress, affectent la sphère digestive, la peau mais aussi les articulations, la tête... autant dire le corps et la santé en générale.

Ces manifestations, chez les personnes affectées, sont:
- Des douleurs: douleurs articulaires, maux de tête, maux de ventre, douleurs musculaires, mal de dos

- Des fatigues: fatigue musculaire sans avoir fait d'effort physique, fatigue comme après une longue journée même s'il n'est que dix heures du matin ou trois heures de l'après-midi

- Des perturbations et des dérèglements digestifs: intolérances, allergies, acidité, reflux, ballonnements, qualité et temps de digestion modifiés

- Des problèmes de peau: eczéma, psoriasis, mycoses

- Des désagréments du cuir chevelu: démangeaisons, pellicules

- Parfois même, des bourdonnements d'oreilles, des acouphènes et autres gênes auditives qui perturbent l'audition, la concentration, l'équilibre

- Des difficultés à s'endormir, à bien dormir, à trouver un sommeil réparateur

Un burn-out, comme un stress prolongé, affaibli le système immunitaire.

3/ Vos habitants les micro-organismes

Les micro-organismes que vous hébergez et votre alimentation entrent en jeu.

a) Nourriture moderne

Le manque de temps, la publicité, le besoin de coups de fouet, sa disponibilité, vous incitent à consommer une alimentation déséquilibrée, riche en sucres rapides et en gluten comme dans les sandwichs, les pizzas, les viennoiseries, les barres sucrées, les friandises.

«Gluten» est un mot latin qui signifie glu, colle.
Le gluten regroupe la gliadine et la gluténine. Il se trouve dans de nombreuses céréales; blé, froment, seigle, avoine, orge, grand épeautre, etc.

Le blé moderne contient plus de gluten et à chaîne moléculaire plus longue.
Il permet de faire gonfler la pâte plus vite et davantage et de mieux coller les éléments additionnels, ce qui permet un traitement industriel et mécanisé des produits.

La contrepartie est qu'il est plus difficile à digérer.

Notre organisme n'étant pas équipé pour fractionner ces molécules, certains microorganismes se multiplient dans notre système digestif. Ils s'en nourrissent et font une partie du travail de décomposition. Parmi eux, le candida albicans.

Ces trois facteurs combinés; plus de gluten, plus difficile à digérer, plus de micro-organismes, expliquent les problèmes croissants d'intolérance.

A cela s'ajoutent tous les additifs artificiels ou résidus présents dans l'alimentation industrielle moderne: pesticides, herbicides, métaux lourds, hydrocarbures, hormones, colorants, conservateurs, arômes, exhausteurs de goût; dont le cocktail nuit à votre santé.

Votre organisme stressé et fatigué, qui ingère ces éléments, on n'ose plus parler d'aliments, devient un parfait bouillon de culture. Votre corps devient l'équivalent d'un gros pétri de pâte sucrée chimique, maintenu à 37°.

Vous devenez l'hôte idéal d'un candida albicans envahissant.

b) Le Candida albicans, un auxiliaire qui peut devenir gênant:

Le candida albicans est une levure, une sorte de champignon microscopique, habituellement inoffensive et que nous avons tous en nous.
Il siège naturellement dans les voies génitales, le tube digestif, la bouche, la peau.

Mais il peut devenir pathogène ou proliférer. Il est alors responsable d'une candidose, une infection fongique.

Cela se produit notamment lorsqu'il atteint des organismes fragilisés et mal nourri dont les défenses immunitaires sont diminuées.
Cela est d'autant plus vrai lorsqu'il est stimulé par l'apport de gluten, de sucres, de levure, de champignons.

Généralement, les lésions causées par le candida albicans sur les muqueuses ou la peau sont sans gravité. Elles se soignent rapidement et plus elles sont décelées tôt plus il est facile de s'en débarrasser.
Mais elles peuvent être plus sérieuses lorsqu'elles atteignent le système digestif ou les poumons. Dans les cas extrêmes, une septicémie à candida albicans est possible; c'est grave.

c) Vos habitants insoupçonnés:

La recherche commence à s'intéresser aux deux à trois kilos de micro-organismes qui nous habitent et qui contribuent à notre existence.
Ils sont en nous des milliards. Plus que le nombre de nos propres cellules.
Ces micro-organismes nous aident notamment à digérer, ou nous aide à colmater passagèrement des failles dans nos propres cellules intestinales.

Mais ces micro-organismes ont aussi la faculté de nous diriger. Les chinois le savent bien, qui disent que nos intestins sont notre deuxième cerveau.

La science occidentale commence aussi à le reconnaître puisqu'elle à découvert que dans les intestins se trouvait un deuxième réseau neurologique. Oui oui, des neurones.

Je conçois que cela puisse surprendre, aussi je vous suggère pour vous en assurer de consulter les informations sur le sujet.

Bref, vous avez un deuxième système de neurones, un deuxième cerveau en quelque sorte, dans votre ventre.

Quoi qu'il en soit, les micro-organismes, dont le candida, vous aident au départ à digérer. Notamment en fractionnant les molécules de gluten afin de vous les rendre digestes.

d) Les intérêts de l'industrie ou le votre:

L'industrie céréalière, à des fins de mécanisation, a multiplié la teneur en gluten des farines afin de les rendre plus faciles à utiliser par l'industrie alimentaire.
Le gluten, cette colle, permet de pétrir mécaniquement, de faire lever la pâte davantage, de résister aux contraintes (temps de fermentation, de «pousse», passage de congélation à cuisson rapide, durée de conservation, etc.)

Les nouvelles farines et leur gluten sont moins digestes par votre organisme (longue chaîne moléculaire). Mais qu'à cela ne tienne, puisque le candida s'en charge.
Sauf qu'au bout d'un moment, en situation de fragilité (stress, burn-out) et en fonction de votre alimentation, le candida albicans, prend plus d'importance.

e) Vos invités vous envahissent:

Votre deuxième cerveau, envahi par quelque chose qui prend les commandes dans son propre intérêt, va vous inciter à **le** nourrir davantage.
Vous avez envie de..., il vous pousse à... consommer des sucreries, des gâteaux, des sodas, des levures (pains, bière) des champignons (la famille du candida) qui se trouvent par exemple dans les

fromages à pâte fleurie (type camembert, brie, bûches) ou à pâte persillée (bleus, Roquefort).

En proliférant, ce micro-organisme, utile au départ, devient nuisible.

De plus, comme par un fait exprès, une prolifération par le candida albicans à des répercussions sur votre personnalité.

- Il influence votre appétit, votre humeur, votre attitude:
- Déprime,
- Langueur
- Fatigue

Ce qui ne fait qu'aggraver ou favoriser les symptômes du burn-out.

La personne en burn-out avait déjà un problème externe avec son environnement, ses conditions de travail, ses relations.

Elle avait aussi un problème avec elle-même (énergie, dynamisme, enthousiasme, valorisation).

Elle se retrouve en plus, avec des problèmes internes. Douleurs, sommeil, appétit/digestion et déprime.

La question n'est pas de savoir qui de l'oeuf ou de la poule... Si la personnalité, le stress, l'alimentation, la fatigue, le travail ont agi l'un avant l'autre.

Le plus souvent, comme dans n'importe quel système complexe, tous les éléments interagissent.

Ils faut donc dans la mesure du possible aborder les facteurs globalement et traiter l'ensemble du système plutôt que d'espérer tout changer en modifiant un seul paramètre.

Et puisque prévenir vaut mieux que guérir, abordons au chapitre suivant **la prévention santé**.

11

PRÉVENTION SANTÉ

Les recommandations qui suivent sont un idéal.
Comme tel, il est évident qu'un idéal est difficile voire impossible à atteindre. Vous en approcher au mieux améliorera votre santé.

1/Faites de l'exercice

Idéalement faites de l'exercice 3-4 fois par semaine. Marchez, montez les escaliers, courez, nagez, faites du vélo, de la danse, skiez. Descendez du bus ou du métro une station avant votre destination. Trouvez une place de stationnement gratuite et finissez à pieds.
Pratiquez n'importe quelle activité tant qu'il ne s'agit pas de compétition.
Et ne vous contentez pas d'y penser. Car, le dire c'est bien, mais le faire, c'est mieux!

2/Détendez-vous

Respirez profondément, faites du yoga, du Taï Chi Chuan, du Chi Qong, de la méditation, lisez, rêvassez, écoutez de la musique apaisante, faites de la calligraphie, de l'ikebana, suivez des cours d'histoire de l'art, faites vous masser, palper, papouiller, manucurer, coiffer, allez au hammam!

A pratiquer:
Regardez le paysage! Les pieds ancrés au sol comme si des racines vous poussaient. Le sommet du crâne comme suspendu par un fil qui vous relie au ciel.
Respirez calmement! Sentez-vous respirer! Détendez-vous, respirez! Les genoux à peine fléchis, déverrouillés. Le dos droit sans forcer; ni cambré, ni tendu.
Posez les mains sous le nombril! Main gauche contre vous, main droite sur la main gauche, si vous êtes un homme. Main droite dessous, main gauche dessus si vous êtes une femme.
Sentez vous respirer!

Apprenez à gérer le stress!
Lorsque vous êtes sur la voie de l'épuisement professionnel, vous pouvez vous sentir impuissant, les événements vous échappent, la conjoncture vous échappe, même votre travail semble échapper à votre contrôle.

Mais vous pouvez toujours décider de prendre le contrôle de vous-même. Respirez, détendez-vous!

20 minutes de relaxation peuvent compenser les effets nuisibles d'une journée de stress.

3/Riez!

Le rire est un des plus puissants remèdes au stress, à la déprime, à la maladie, au découragement.
Voyez des comédies: Cinéma, dvd, vod, streaming, Youtube, Dailymotion, replay; les possibilités ne manque pas.

Allez au théâtre, au café-théâtre, allez voir des humoristes, des chansonniers.

Lisez! Les livres drôles abondent. Quoi de plus jubilatoire que d'éclater de rire dans le train, dans le RER.
Malgré le lieu et les inconnus alentour, ne pas pouvoir vous empêcher de rire. Découvrir le regard étonné ou amusé de vos voisins-voisines.

Il existe même des stages de rire. Certains appellent cela le yoga du rire. Vous faites des ho ho ho, des ha ha ha, des hu hu hu.
Après quelques minutes certains se mettent à rire pour de vrai. Des personnes qui semblaient tout à fait normales sont prises d'un fou rire. Et quand l'animateur demande d'arrêter de rire, il y a toujours quelque contra-rieurs qui ne peuvent plus s'arrêter de rire. Ha ha!

En tout cas, profitez de chaque occasion de rire et de sourire!

4/ Dormez!

Dormez, je le veux!

Accordez assez de temps au sommeil et dormez bien.
Vous n'êtes pas obligé de regarder le deuxième film jusqu'à minuit
ou de préparer un dossier jusqu'à deux heures du matin.
L'être humain est un primate fait pour dormir la nuit.

L'électricité vous permet de veiller et d'avoir des activités après le
coucher du soleil, d'accord.
Vous profitez du confort qu'elle vous apporte, très bien.

Mais l'homo Habilis est apparu il y a 3 millions d'années. Il a
évolué en Homo Erectus il y a 2 millions d'années. L'homo Sapiens
apparaît il y a 100 000 ans. Il n'arrive en Europe qu'il y a 40 000
ans (c'est l'homme de Cro-Magnon). Ensuite seulement se
répandra l'Homo Sapiens Sapiens.

Thomas Edison crée la première ampoule électrique durable en
1879.
Il a fallu plusieurs centaines de milliers d'années pour faire
évoluer l'être humain vers ce qu'il est aujourd'hui.
Il est peu probable que les quelques 140 dernières années aient
suffit à le changer au point que vous puissiez vivre déconnecter des
rythmes naturels.

Travailler trop, veiller tard le soir, manger du pétrole sous forme
dérivée (colorant, pesticide) n'est pas fait pour l'être humain.

Bien dormir, contribue à vous maintenir en bonne santé.
Bien reposé vous avez plus d'énergie, plus de créativité, votre
corps et votre esprit fonctionne mieux.

a) Pour préparer un bon sommeil:

✓ Ayez un bon lit. Pas avachi, pas trop dur, pas trop mou. Assez
  ferme pour le soutien et assez moelleux pour le confort, juste
  comme il faut
✓ Orientez si possible votre tête au nord (de préférence) ou à l'est
✓ Le Feng Shui recommande que le lit soit à l'opposé de l'entrée de
  la chambre et que vous puissiez voir la porte, une fois allongé.
  Au besoin ajouté un miroir
✓ Evitez les vitamines C, les excitants, les repas lourds, le fromage
  (qui surcharge le foie) le soir. Idéalement finissez votre repas au
  moins une heure et demi à deux heures avant de vous coucher

✓De la même façon, autant une activité physique et bonne pour la santé, autant il vaut mieux éviter le sport dans l'heure qui précède le coucher

✓Le seul sport recommandable avant de dormir est le sexe.

En effet, les hormones libérées pendant et après l'activité sexuelle relâchent l'organisme, relaxent, détendent le corps et le cerveau. Les bienfaits pour le couple et sa relation sont également appréciables

✓A défaut de l'activité cité ci-dessus, relaxez-vous! Pour cela vous avez plusieurs techniques, par exemple:

b) Pour vous aider à vous endormir:

✓Allongez-vous! Tranquillement, prenez deux ou trois respirations profondes qui gonflent le ventre et les poumons

✓Sentez vos pieds détendus. Au besoin, pour chaque partie de votre corps, contractez les muscles correspondants pendant 3-4 secondes puis relâchez-les et sentez-les se détendre

✓Détendez vos mollets, sentez-les peser sur le lit

✓Sentez vos cuisses détendues, pesantes. Vos pieds, vos chevilles, vos genoux, vos jambes sont maintenant détendues

✓Sentez vos fesses écrasées dans le matelas et détendues

Continuez pour chaque partie de votre corps! Les mains, les bras, le dos, le visage, les organes, les yeux.

✓Vos doigts sont détendus

✓Vos mains, vos avant-bras, vos bras, vos épaules sont détendus. Ressentez le poids de votre corps sur le matelas

✓Sentez comment votre ventre monte et descend au rythme calme de votre respiration

✓De même que votre poitrine

✓Votre bassin, vos reins, vos coudes, votre dos, vos épaules pèsent sur le matelas. Votre crâne pèse sur l'oreiller

✓Votre cou, votre mâchoire, vos paupières, vos sourcils, vos oreilles, votre front, votre cuir chevelu sont détendus

✓Prenez une profonde inspiration ou baillez!

Bonne nuit!

12

ALIMENTS A ÉVITER

Sachez-le! Certains aliments, qu'il est difficile d'appeler comme cela puisque le terme «éléments» serait plus juste, nuisent à votre santé.
Ils sont des produits fabriqués, combinaison de chimie et de marketing, qui ont pour but d'enrichir fabricants et distributeurs.

Ils n'ont pas vocation à vous nourrir, à vous apporter ce dont votre corps à vraiment besoin, pour vivre en bonne santé et pour longtemps.
Ils vous emplissent, parfois vous apportent une satisfaction instantanée et passagère. Mais ils le font au détriment de votre santé, de votre longévité, de votre bien-être.

Petites digressions pour éveiller votre conscience

Pourquoi les français ont-ils majoritairement roulé au diesel?
Parce que les politiques (De Gaulle) voulaient du nucléaire, que le diesel des centrales au fioul devait être consommé ailleurs pour maintenir sa fabrication et pour justifier les centrales atomiques.
La fiscalité, les «incitations» aux constructeurs, la communication et la publicité ont fait le reste. Le diesel est devenu le chouchou des français.
Le diesel avait toutes les vertus: Economique, fiable, consommant peu, peu polluant en CO_2.
Peugeot et Renault sont de grands experts en petits moteurs diesels. Cocorico!.

- Et si demain on vous disait d'abandonner le diesel parce que soudain devenu polluant? Serait-ce plus vrai ou bien seriez-vous encore une fois manipulé(e)?

- Et si on vous disait qu'il fallait impérativement des centrales nucléaires (malgré le fiasco de l'EPR, la dangerosité des vieilles centrales qui devraient déjà être arrêtées depuis des années et les déchets polluant pour des millénaires que les gouvernements dissimulent)? Parce que bien sûr, le nucléaire c'est fiable, pas cher et pas polluant. Est-ce que cela deviendrait vrai du simple fait d'un discours politique?

- Et si vous rouliez à l'électrique/nucléaire? Avec des batteries dont la Chine a le monopole des constituants et prochainement de la production, c'est forcément meilleur pour la planète. Mais saviez-vous que la production de la voiture électrique et de sa batterie émet globalement plus de CO2 que la production et la consommation d'une voiture citadine standard. Bon d'accord, la pollution serait à l'étranger. Et donc, comme le nucléaire, serait officiellement non polluante...

- Et si vous rouliez à l'E85? Histoire de consommer de l'huile de palme importée massivement par Total (Cocorico!) venant du bout du monde. Cette fameuse huile de palme qui accélère la déforestation de la planète, la disparition des espèces et qui précipite dans la misère les agriculteurs traditionnels de ces pays.

- Vous ne voulez pas d'huile de palme. Très bien. Alors vous pouvez la remplacer par du maïs transgénique américain. Sachant que le maïs est un le plus gros consommateur d'eau d'engrais et de pesticides des produits cultivés.

- Ou bien encore, pour les soit disant bio-carburants, grâce à des hectares de champs de betteraves qui nourrirons des voitures, en fournissant le sucre pour l'hétanol. Alors que ces hectares de terre cultivable pourraient nourrir des humains...

Pourquoi les français construisent-ils en bloc de béton?
Parce que ce n'est pas très cher? Certes!
Mais c'est surtout parce que la France héberge les leaders mondiaux du ciment avec Lafarge-Holcim 1er mondial (ils produisent 379 millions de tonnes par an et réalisent 30,8 milliards de Chiffre d'Affaires) et Vicat (cinquième cimentier mondial en CA). Cocorico! Consommons français!

Pourquoi isolent-ils avec de la laine de verre?
Parce que Saint-Gobain, entreprise française, est le leader mondial de la fabrication de verre, de la production/transformation/distribution de matériaux de construction.
Vous croyiez être libre? Les groupes industriels et les politiques ont pensé pour vous. Dormez tranquille!

Béton, laine de verre, laine de roche ne sont pas les matériaux les plus sains, ni les moins chers, ni les plus efficaces, ni les plus écologiques à fabriquer et à vivre. Mais ils sont les préférés des français.

Pourtant d'autres pays occidentaux (civilisés) ne sont pas mono-maniaque.
Ils construisent en béton d'accord. Mais aussi en bois ou à ossature bois (comme aux Etats Unis ou au Canada), en brique, en brique isolante monomur, en acier et bardage.

Ils isolent en laine de verre, en laine de bois, en ouate de cellulose, en laine de mouton, en polystyrène, en laine de chanvre...

Ils montent des cloisons en plaque de plâtre, en Fermacell, en carreaux de plâtre, en panneaux de bois (Oriented Strand Board ou autre).

Des immeubles de la banlieue de Los Angeles ou j'ai séjourné, avaient la même apparence que nos immeubles à deux étages. Pourtant ils étaient fabriqués en bois.
En France le discours courant est que le bois n'est pas suffisamment fiable. Pourquoi ne pas prétendre que le pays manque de forêts. Cela ne serait pas moins vrai.

Pourquoi une majorité de français consomme-elle tant de produits laitiers?
Parce que Danone et Lactalis, sociétés françaises, sont respectivement les deuxième et troisième entreprise mondiale du secteur.
Après la deuxième guerre mondiale les français avaient faim. (Les ticket de rationnement n'ont disparu qu'en 1950). Beaucoup de personnes, les enfants notamment, étaient carencés.
Le gouvernement eut l'idée brillante qu'il était plus facile de faire pousser de l'herbe et des vaches que de faire pousser des champs.

Rappelez-vous que De Gaulle et les américains se détestaient cordialement.
Il y avait une contrepartie au plan Marshall. Ce plan de redressement qui aidait à la reconstruction des pays alliés dévastés par la seconde guerre mondiale.
Ce plan consistait à financer l'Europe et le Japon tout en leur vendant les technologies et les produits made in USA: engrais, semences, matériel.

Alors comment faire pour se différencier et ne pas trop dépendre des Américains que le général De Gaulle détestait cordialement?

Sous l'impulsion politique, la France est devenue la reine du yaourt, des préparations fromagères et du lait.

Vous devez donc consommer le plus possible de produits laitiers. C'est bon pour l'économie!

Pourquoi les français mangent-ils autant de viande?
Bonne question!
En voici une autre: Selon vous, que deviennent les vaches laitières épuisées d'avoir fabriqué du lait 10 mois par an pendant 3 ans?

Les vaches deviennent de la viande de boeuf.
Oui oui, c'est conforme à la législation. Les vaches (leur viande) deviennent du boeuf, une fois mortes.
Et ce surplus de viande, il faut le consommer.

Les français doivent donc manger de la viande. C'est ainsi qu'un Français consomme en moyenne 1,5 kg de viande par semaine. Les nutritionnistes préconisent pourtant une consommation maximale de 500 g par semaine.

Non! Les produits laitiers ne sont pas vos amis pour la vie?
Est-ce que l'alimentation d'un veau est un bon aliment pour un bébés humains? Hmm, non!

Un veau pèse environ 40 Kilogrammes à la naissance. Il atteindra 100 kilos à l'âge de trois mois.
Serait-ce vraiment souhaitable pour un bébé humain?

La viande qui rend costaud, d'après ceux qui disent que la viande rend costaud, est-elle si bonne pour votre santé?
D'après les fabricants de viande, oui. En réalité non. L'humain n'a pas le système digestif d'un carnivore. Pas plus que celui d'un ruminant.

A ceux qui persistent à dire que seule la viande rend fort et que les mangeurs de salades sont faibles et pâlichons, je leur propose de

manger un bon gros steak bien saignant et d'allez faire un bras de
fer avec un bébé gorille végétarien de 4 ans.
Qu'ils vous disent qui a gagné!

Par ailleurs, la proportion de végétariens chez les athlètes de haut
niveau est plus élevée que dans le reste de la population. Ce n'est
pas sans bonnes raisons.

Pour information, une vache normale peut vivre une vingtaine
d'année. Une laitière est abattue après 3 lactations, soit à cinq ans.

Une vache normale, pas le modèle de compétition, mais une vache
normale qui nourrit son petit, produit environ 4 à 6 litres de lait
par jour.
Aux malheureux monstres de production on trait 22 litres de lait
en moyenne chaque jour en France. (Données CNIEL - L'économie
laitière en chiffres 2012)

Le veau est retiré de sa mère 2 jours après sa naissance.
Dans 2 ans, les femelles feront du lait.
A l'âge de 6 mois, les mâles iront dans votre assiette (8 mois
maximum: règle européenne CE N°700/2007 COM (2006) 487
final −2006/0162(CNS)) sans avoir jamais vu une pâture, un arbre
ou le soleil, pour bon nombre d'entre eux.

Le faible apport en colostrum* (avec seulement 2 jours
d'allaitement) les rend vulnérables aux maladies, ce qui induit des
traitements médicamenteux (antibiotiques entre autres), **que
vous consommerez** car il se retrouveront dans votre assiette.

* Le colostrum est un liquide laiteux produit par les glandes mammaires (des
femmes, des vaches, des mammifères) qui vient dans la tétée avant le lait à
proprement parler.
Il contient des protéines, des glucides, des lipides, des vitamines, des minéraux et
des anticorps qui luttent contre les agents pathogènes tels que les bactéries et les
virus.
Le niveau d'anticorps dans le colostrum peut être 100 fois plus élevé que dans le
lait de la vache. Il est donc très précieux pour la santé des nouveaux nés (humains
comme bovins).

Pour être juste, il faudrait taxer les vaches.
En effet si l'on regarde les secteurs responsables des émissions de CO2 dans le monde (chiffre de 2014)
- Logement(chauffage et électricité) : 30 %
- **Elevage : 15,5 %**
- Transport : 15 %
- Industrie et le BTP : 13 %

Votre beefsteak et votre filet de dinde polluent plus que votre voiture.

⚠ Si vous croyez la propagande et la publicité, si vous mangez ce que vous proposent les hypermarchés et si vous voulez croire que cette alimentation est saine puisqu'elle est autorisée; alors, les propos qui vont suivre risquent de vous déplaire.

Que vaudrait-il mieux manger et quels produits éviter?

Cela peut vous déplaire, ou au contraire, cela va faire écho à quelque chose que vous ressentiez, que vous perceviez confusément et qui va raisonner en vous comme une vérité évidente.

Le régime ancestral
Le régime ancestral est un régime de bon sens. Nous y reviendrons dans le chapitre suivant «13 Alimentation à privilégier»

Comme son nom l'indique, il est celui de nos ancêtres. Il correspond à ce que l'espèce humaine mange depuis des centaines de milliers d'années. C'est le régime auquel votre organisme est le mieux adapté.

Ce régime est officialisé par le Docteur SEIGNALET. Il est validé et peaufiné par sa pratique par le Docteur GORIUS.

Leur assimilation par l'organisme est optimale, et la plus conforme à la nature de l'Humain.

Quand ces médecins responsables, qui ont réfléchis au-delà des modes et du marketing, disent qu'il faut éliminer un aliment, c'est bien sûr, ici encore un idéal.

Retenez qu'il est préférable et meilleurs pour votre santé que vous le fassiez.

Si votre état de santé actuel ne vous l'impose pas, je conçois que vous aurez certainement du mal à appliquer strictement ce régime.

En effet, vous vivez sûrement un quotidien contemporain, c'est à dire débordé et stressant.
Vous avez probablement peu de temps à consacrer à votre alimentation. Vous avez des habitudes alimentaires «modernes» et vous aurez du mal à vous passer de produits industriels tout prêts.
Mais la récompense sera proportionnelle à l'effort.

1/Eliminez les produits laitiers:

- Les produits laitiers animaux (par opposition aux autres «laits», boissons végétales), de bovins, caprins, ovins qui sont consommés depuis peu, à l'échelle de l'Humain et de sa génétique.

La doctoresse Catherine KOUSMINE admettait le lait en petite quantité et de préférence fermenté (lait Ribot, yaourt, kéfir, lassi...). Il est ainsi en partie prédigéré.

Finis les plateaux de fromages, les pizzas, les burgers, les raclettes, fondues et autres apéritifs fromagers.!
Je sais, c'est difficile. Dans un pays de fromage, dans des régions productrices et avec une gastronomie qui s'appuie sur les produits laitiers; difficile de s'en passer.

La domestication de ces animaux date d'environ 10 000 ans pour la chèvre, 9 000 ans pour le mouton et la vache. Les premiers animaux domestiqués furent le cochon et le loup (12 à 15 000 ans). Autant dire qu'à l'échelle de l'évolution, nos organismes ne sont pas fait pour ingérer des produits laitiers, pas plus que des produits chimiques.

2/Eliminez les céréales mutées:

- Les céréales mutées sont: blé, kamut, seigle, avoine, maïs, orge, grand épeautre.

Leur apparition est le fait de mutation par sélection (2 000 ans) par croisement (au moyen âge, 1 300 ans) puis par manipulation génétique (OGM depuis la fin du vingtième siècle).
Eux non plus ne correspondent pas à nos besoins ni à notre système digestif.

3/Eliminez les sucres raffinés:

- Les sucres raffinés: glucose, fructose, sucres blancs et sucre de canne raffiné. Le sucre de canne complet est toléré en petite quantité
- Les boissons sucrées et édulcorées: sodas, sirop, faux jus de fruit, boissons excitantes (soit disant énergisantes, ce qui pourtant n'est pas du tout la même chose)

- **Proscrire absolument l'isoglucose*** tellement apprécié et utilisé par les industriels

Isoglucose?

Qu'est-ce que c'est et d'où provient-il?

Un peu d'histoire:
Après la Seconde guerre mondiale, les Etats-Unis, doivent produisent plus. Ils font une révolution agricole et agro-alimentaire.

En vingt ans, ils passent du besoin, à la surproduction de céréales, en tête desquelles se trouve le maïs.
Il fallait lui trouver de nouveaux débouchés.

---

* Sirop de glucose-fructose, sirop de fructose-glucose, sirop de maïs à haute teneur en fructose encore dénommé HFCS (High Fructose Corn Syrup) sont la même chose: Isoglucose

L'une des solutions, pour le valoriser, fut, grâce à un processus enzymatique, de transformer son amidon en molécules de glucose.

Le sirop obtenu contient 48 % de fructose et 58 % de glucose. Son pouvoir sucrant est identique à celui du saccharose (le sucre blanc), mais ses propriétés technologiques sont plus intéressantes pour les industriels.

Pour obtenir des solutions au pouvoir sucrant encore plus élevé, ce sirop est soumis à l'action d'autres enzymes qui augmentent la teneur en fructose.
On obtient alors du HFCS 55, qui contient 55 % de fructose et 45 % de glucose, et du HFCS 90, qui contient 90 % de fructose et 10 % de glucose.

Gros avantage pour les industriels!
Avec moins de produit, ils sucrent plus.

Le sirop de glucose, quant à lui, moins sucré, est utilisé comme agent de texture.

Evolution
Peu utilisé jusqu'aux années 70, le marché de l'isoglucose connaît un tournant dans les années 80.

A cette période, les grandes compagnies de soft-drink américaines (Coca-Cola, Pepsi et autres) ont un problème d'approvisionnement en sucre aux Etats-Unis. Elles décident de passer à l'isoglucose.

C'est l'ouverture d'une voie royale. Alors que sa consommation s'élevait à 0,23 kg par personne et par an aux Etats-Unis en 1970, elle atteignait 28,4 kg/par an en 1997. Plus du centuple.
Son utilisation s'est répandue à l'ensemble des fabrications alimentaires.

Le sucre et le fructose:

A l'état naturel le fructose se trouve essentiellement dans les fruits et le miel, sa consommation était donc limitée (en quantité et en concentration).
Avec le succès industriel de l'isoglucose la donne a changée. La consommation de fructose contenu à 48, 55 et 90%, a explosé et ses effets néfastes aussi.

L'avis des médecins:

En 1970, le docteur John YUDKIN déclare:
«Premièrement, il n'y a aucun besoin physiologique pour le sucre. Tous les besoins de la nutrition humaine peuvent être complètement comblés sans avoir à prendre une seule cuillerée à thé de sucre blanc, de sucre brun ou de sucre brut, tel quel, dans les aliments ou dans les boissons.
Deuxièmement, si seulement une petite fraction de ce qui est déjà connu au sujet des effets du sucre devait être révélée et mise au compte d'un quelconque additif alimentaire, cet additif serait promptement interdit.»

En 1980, le docteur Abram HOFFER affirme:
«Le sucre produit une assuétude (dépendance) aussi grave que n'importe quelle autre drogue. La seule différence entre la dépendance envers l'héroïne et la dépendance envers le sucre est que le sucre n'a pas besoin d'être injecté, il peut être consommé immédiatement parce qu'il est disponible et il n'est pas considéré comme une plaie sociale.
Cependant la puissance de la dépendance au sucre est aussi forte que la dépendance à l'héroïne»

Le docteur HOFFER conclut: «La dépendance au sucre cause des symptômes typiques aussi graves que ceux qui accompagnent le sevrage de n'importe quelle autre drogue».

Si vous réagissez mal à ces propos, peut-être êtes-vous déjà accro et vous sentez-vous douloureusement menacé dans votre toxicomanie.

Où se trouve l'isoglucose?

Partout dans l'alimentation industrielle.
Les boissons, les glaces, les biscuits, les gâteaux, les yaourts, les crèmes desserts, les barres chocolatées, les plats cuisinés, les sauces, les condiments, les aliments pour bébé, etc. Toutes les classes d'éléments industrielles en contiennent.

Comme les colorants, les conservateurs et les agents de texture, l'isoglucose se trouve un peu partout.

Les effets sur la santé

- Il augmente le risque d'obésité, de diabète (il endommage le pancréas), de maladies cardiovasculaires, de cancers par stimulation de l'hormone de croissance, de maladie ORL, de stéatose du foie (foie gras).

Voyez l'état de santé des américains!

- Il diminue le nombre de globules blancs.

- Selon Fernando GOMEZ-PINILLA et Rahul AGRAWAL, chercheurs de l'Université de Californie à Los Angeles, la consommation d'isoglucose ralentit le cerveau en affectant les capacités de mémorisation et d'apprentissage (Rapport d'étude rendu en 2012).

- Comme l'isoglucose augmente la tolérance au goût sucré. Le consommateur peut (veut) manger plus, sans sensation de satiété ni de dégout. Il absorbe plus de calories, qu'il va stocker.

Ce qui est une bonne caractéristique pour que les consommateurs deviennent obèses.

4/Eliminez les produits nocifs:

- Produits chimiques: colorants, exhausteurs de goût (type glutamate), édulcorants, conservateurs, sel (type chlorure de sodium).
- Produits allégés. Vérifier la composition des produits pré-cuisinés.
- Produits conservés par irradiation.

L'irradiation des aliments, appelée aussi ionisation, consiste à soumettre les aliments à un rayonnement gamma. Le processus ne devrait pas rendre l'aliment radioactif, il tue les micro-organismes situés à sa surface. Cela permet d'allonger leur durée de conservation jusqu'à trois fois plus longtemps.

L'irradiation en France:

La France autorise l'irradiation de différents aliments:
Salades (notamment les salades en sachet), herbes aromatiques surgelées, oignons, ail, échalote, légumes secs, fruits secs, flocons et germes de céréales pour produits laitiers, farine de riz, gomme

arabique, viande et abats de volailles, cuisses de grenouilles congelées, sang séché, plasma, crevettes congelées décortiquées ou étêtées, blanc d'œuf, caséine (protéine de lait de vache), caséinates.

Définition:
Caséinates: sels de caséine fabriqués avec de la soude (pour le caséinate de sodium) ou avec de l'hydroxyde de calcium (pour le caséinate de calcium).
Dilués dans un liquide ils peuvent être ingérés.

Les culturistes apprécient ces aliments riches en protéine et pauvres en graisse.

Pourquoi l'irradiation?
La justification de ce procédé est qu'il permet de ralentir la maturation des légumes, d'éviter la germination, tout en tuant les insectes et micro-organismes éventuellement présents.

L'inconvénient et qu'il détruit les vitamines liposolubles A, E et K et hydrosolubles B12 et C.

De plus, la ionisation (l'irradiation) induit la production de radicaux libres qui a un rôle prépondérant dans le déclenchement du processus de dégradation cellulaire.

Les dirigeants français qui plébiscitent le nucléaire, préfèrent minimiser tout incident lié à l'irradiation comme aux centrales. Les amalgames et les psychoses liés aux radiations ou au nucléaire pouvant contrecarrer leurs plans.

Pour plus d'information sur la ionisation: Liste des autorisations des États membres relatives aux denrées et ingrédients alimentaires pouvant être soumis à un traitement par ionisation.
Au niveau Européen: directive n° 1999/2/CE du 22 février 1999. En France [Journal officiel C 283 du 24.11.2009] et décret n °2001/1097 du 16 novembre 2001 et l'arrêté du 20 août 2002.

https://www.economie.gouv.fr/dgccrf/lionisation-des-aliments

169 prélèvements effectués en 2013. Non conformité 3,8%.
Mais chut! Ne faisons plus de contrôles, nous ne constaterons plus d'anomalies!

5/Eliminez les graisses saturées:

- Les graisses animales saturées:

Beurre, crème, saindoux (graisse de porc), suif (graisse de ruminant), ...

- Les graisses végétales saturées:

Margarines, beurre, huile de palme, huile d'arachides, huile de tournesol, huiles de friture, huiles hydrogénée.

Les graisses végétales saturées présentent un intérêt industriel de stockage. Mais elles ont une chaîne hydrocarbonée longue que votre organisme va lui aussi stocker... dans vos artères, à défaut de pouvoir les utiliser.
Ces produits provoquent des inflammations et ils vieillissent prématurément vos tissus.

Les graisses **insaturées** se métabolisent mieux et permettent à la paroi des cellules une optimisation des récepteurs cellulaires.
Au sein des graisses poly-insaturées, celles contenant des omégas-3 favorisent la baisse du diabète et la baisse des incidents cardio-vasculaires.

6/Eliminez les cuissons fortes:

- Les cuissons à plus de 110°c
Car elles détruisent les vitamines et les antioxydants et crée des molécules de Maillard (voir «7/ Molécules de Maillard).
Cuisson hautes température, auto-cuiseur vapeur (cocote minute, 180°), fritures, grillades-barbecue.

- Les cuissons au micro-onde* (voir * le four à micro-ondes page 70)

Attention: Four à micro-ondes et plaques à induction fonctionnent selon le même principe et produisent les mêmes effets.

Le professeur JOYEUX, de l'Université de Montpellier, dit notamment:
«Les micro-ondes appauvrissent les aliments en vitamines hydrosolubles du groupe B et du groupe C ...»

Les chercheurs autrichiens, LUBEC, WOLF et BARTOSCH, du département de pédiatrie de l'université de Vienne (Autriche) ont publié dans «The Lancet» les résultats d'une étude:

«Des échantillons de lait ont été chauffés au micro-ondes puis analysés. Certaines protéines ont subi des altérations de leur structure. La L-Proline est devenue la D-Proline, un produit neurotoxique.»

Ils notent également une nouvelle toxicité au niveau des reins et du foie due aux acides aminés ainsi transformés.

Important:
Vous devez savoir que les aliments rayonnent encore pendant 10 minutes environ après leur cuisson ou chauffage par micro-ondes. Ingurgités durant cette période, ils sont susceptibles d'entraîner des troubles digestifs.

Du fait de la forte proportion d'eau dans le corps humain, l'agitation moléculaire (effet produit par les micro-ondes) interfère avec vos propres cellules.

Cela provoquerait notamment, la production de radicaux libres dans les cellules du consommateur, en plus de ceux formés dans les aliments.

*Le four à micro-ondes

Percy SPENCER était un des plus grands experts mondiaux des tubes de radars, qui étaient une des priorités de la seconde guerre mondiale.
Il est le père du four à micro-ondes.

Un jour qu'il travaillait devant un magnétron de radar en action il constata qu'une barre chocolatée qu'il avait dans la poche avait fondue.
Un magnétron est le générateur d'impulsion qui produit les ondes radars.

Après plusieurs expériences, la société pour laquelle il travaillait déposa, en octobre 1945, un brevet pour un four à micro-ondes.

Or, à la fin de la guerre, les stocks de magnétrons étaient importants, en particulier aux Etats-Unis.
Les fours a micro-ondes, d'abord industriels, puis ménagers, commencèrent leur conquête des cuisines...

Le principe du micro ondes est simple: Le magnétron produit des ondes électromagnétiques à la fréquence de 2,4 GigaHertz.
Ces micro-ondes, qui doivent leur nom à leur mini longueur d'onde (de 1 à 3 mm) changent de sens **2,4 milliards de fois par seconde**.

Les molécules d'eau vont suivre la polarisation de l'onde, et ainsi changer de sens plusieurs milliards de fois par seconde.
Cette agitation moléculaire crée un échauffement.
L'eau contenu dans les aliments puis les aliments eux-même sont réchauffés.

Malheureusement, cette agitation moléculaire ne correspond pas au niveau vibratoire naturel de notre organisme.

Les aliments chauffés par micro-ondes (agités au niveau moléculaire) que vous ingérés, vibrent encore à cette fréquence pendant une dizaine de minutes. Par contact et par rayonnement ils vont amener l'eau de vos cellules à ce même niveau vibratoire.
Ce faisant, vous perturbez le fonctionnement de vos cellules.

7/ Molécules de MAILLARD

La cuisson des aliments à haute température génère des réactions complexes à l'origine de composés qui ne sont pas présents dans l'aliment cru, c'est la réaction de Maillard.
Elle correspond initialement à la réaction entre un sucre et un acide aminé (constituant des protéines).
La réaction entre les produits de dégradation oxydative de la vitamine C ou des lipides insaturés avec une protéine, fait partie de la réaction de MAILLARD.

Cette réaction permet la formation d'arômes, très recherchés par les cuisiniers. C'est le cas quand vous faites des grillades, ou lorsque vous faites toaster du pain, ou également lorsque vous faites dorer un plat au gratin.

Mais cela entraîne la dégradation de nombreux nutriments comme les vitamines, les acides aminés, les sucres, les acides gras essentiels.

Les produits de dégradation réagissent alors entre eux et génèrent de nombreux composés appelés AGE (Advanced Glycated End Products) dont certains posent des problèmes de sécurité alimentaire du fait de leur cancérogénicité ou de leur activité biologique pro-oxydante et inflammatoire.

En clair, les AGE que vous ingérez sont notamment responsables d'une accélération du vieillissement et d'une augmentation du risque de maladies chroniques comme le diabète.

Les molécules créées par ce type de cuissons sont moins digestes. Elles ont des conséquences dans tout l'organisme, puisqu'elles jouent par exemple un rôle important dans le vieillissement vasculaire, les lésions cellulaires et tissulaires du diabète, l'insuffisance rénale, etc.

Mais malheureusement, c'est bon.

a) Comment ça marche?

C'est simplement de la chimie. Une molécule est un assemblage en 3 dimensions. Cette forme initiale naturelle est détruite et recombinée par la chaleur, les rayons (X, gamma, etc.) et par les très hautes fréquences des micro-ondes.

b) Conséquences:

Vos enzymes digestives sont des protéines qui accélèrent ou permettent les réactions chimiques de votre organismes. Elles ne parviennent plus dégrader ces nouvelles molécules, à les métaboliser en glucose (du bon glucose), en acides aminés ou en acides gras essentiels élémentaires assimilables.

D'où les désordres immunitaires et un encrassement cellulaire qui favorisent les cancers et les maladies auto-immunes (voir page suivante), par passage passif intestinal des nouvelles molécules dans le sang.

Les causes les plus importantes et les plus graves des maladies auto-immunes se trouvent dans votre environnement et dans votre alimentation.

En premier viennent les pesticides inhalés ou absorbés via l'alimentation.

Ils peuvent être inhalés dans les vignes ou dans les champs jusqu'à une semaine après épandage. Ce qui se produit si vous travaillez ou si vous habitez à proximité d'exploitations qui utilisent ces produits, si vous vous promenez ou que vous faites du sport à la campagne.
Mais il suffit que le vent vous apporte ces poisons provenant de vignes, vergers, ou champs traités.

Mais, l'exposition la plus commune, notamment pour les citadins, provient des produits ou des résidus qui se trouvent dans votre alimentation ou dans l'eau (nitrates ou hormones, par exemple).

Bien sûr, le cocktail de tous les herbicides, insecticides, pesticides, fongicides, conservateurs, colorants de synthèse, arômes artificiels, formaldéhyde et autres Composants Organiques Volatiles, associés à la chimie des produits d'entretien et à la cuisson à induction ou au micro-onde apporte ses conséquences pathogènes voire létales.

Tout cela fort discrètement, et autorisé par la législation laxiste inféodée aux intérêts industriels.

Ceci explique la croissance constante des maladies maladies auto immunes qui sont en 2018, la troisième cause de morbidité en France, derrière les maladies cardiovasculaires et le cancer.

Fini le temps ou vous mourriez paisiblement de vieillesse par le ralentissement et l'affaiblissement progressif de votre organisme!

c) Maladie auto immune:

Une maladie auto immune fait que le système immunitaire de votre organisme combat ses propres cellules qu'il considère à tort comme ennemies.

Les maladies auto-immunes les plus fréquentes sont:
- Diabète de type 1
- Sclérose en plaques
- Polyarthrite rhumatoïde
- Psoriasis
- Maladies inflammatoires chroniques de l'intestin. Par exemple la maladie de Crohn (qui se développe dans les pays industrialisés depuis les années 50)

Mais aussi:
- Spondylarthrite ankylosante
- Lupus érythémateux disséminé
- Myasthénie
- Syndrome de GUILLAIN-BARRÉ
- Maladies auto-immunes de la thyroïde (BASEDOW, HASHIMOTO)
- Hépatopathies auto-immunes
- Vitiligo
- Rétinite auto-immune
- Syndrome de GOUGEROT-SJÖGREN

Tout cela n'est pas bien gai. Aussi rappelez-vous que :

«Prévenir vaut mieux que guérir!»

D'autant que dans le cas de ces maladies, la guérison n'est jamais assurée. Et c'est un euphémisme.

7/Eliminez les acides:

- L'acide citrique. Le E330, qui est un bon détartrant, attaque l'émail de vos dents et favorise rapidement la prolifération bactérienne. A l'inverse du citron, qui, une fois ingérer va devenir basique dans l'estomac (et non pas acide, comme beaucoup d'aliments industriels).

D'une façon générale, l'alimentation moderne et le stress ont tendance à acidifier votre estomac, ce qui est mauvais pour votre santé.
Evitez d'en surajouter en absorbant de l'acide, même s'il s'appelle E330.

Evitez également les aliments acides. Et ne confondez pas aliment acide et aliment à réaction acide. Un ananas bien mûr, même s'il est acide en bouche, provoquera une réaction alcaline positive dans l'estomac (comme le citron).

Voir ci-dessous le tableau des aliments acidifiants.

Aliments très acidifiants		Aliments acidifiants
Abats	Moule	Agneau
Antibiotiques	Noisette	Alcool
Arachide	Noix	Antihistaminiques
Bière	Noix du Brésil	Benzoate (E211)
Boeuf	Orge	Bette
Cacao	Pistache	Blé
Café	Pois chiche	Dinde
Canneberge	Pois mange tout	Epeautre
Carotte	Pois vert	Haricots
Caroube	Porc	Huile d'amande
Caséine	Poulet	Huile de carthame
Confiture	Protéine de lait	Huile de sésame
Crème glacée	Pudding	Kamut

Aliments très acidifiants		Aliments acidifiants
Faisan	Saccharine	Lait de chèvre
Fromages	Saindoux	Lait de vache
Gelées	Seigle	Oie
Grenade	Sel de table	Prune
Homard	Son	Riz blanc
Huile de chataigne	Soja	Sanglier
Lait de soja	Sucre	Sarrazin
Levure	Veau	Seitan
Maïs	Vinaigre blanc	Stevia
Mets frits		Tapioca
		Thé noir
		Tomate

Dans l'idéal, **mangez bio**! Bio et local de préférence.

Un peu pour ce que les aliments bio ont en plus, mais surtout pour tout ce qu'ils ont en moins, comme polluants et produits contraires à votre santé.

Sachez aussi que les produits frais bio sont souvent moins cher dans les supérettes bio et les bio-coop, que dans les grandes surfaces.

Le bio en grandes surfaces est optimisé pour rester dans les normes (95% d'ingrédients bio minimum et moins de 0,9% d'OGM).
Légalement c'est bio.

Ces enseignes ont rarement la démarche militante pour votre santé et pour la planète que d'autres vont avoir.

Ce que vous devez retenir pour votre santé:

Vos ennemis sont:

1. Le stress. Il qui est votre premier ennemi intérieur. Il dépend beaucoup de vous
2. La pollution croissante et multiple de votre environnement
    a) Votre alimentation, et sa cuisson
    b) Les émissions d'ondes: wifi, bluetooth, antennes relais, cpl (courant porteur) et compteur Linky qui transforme votre réseau électrique en émetteur d'ondes nocives
    c) L'air intérieur (très souvent) et l'air extérieur (traitements phytosanitaire et pollution industrielle ou routière)
    d) L'eau que vous buvez si elle n'est pas de qualité
3. La fatigue et le manque de sommeil de qualité

Votre santé a une incidence directe sur votre psychologie!

Si vous souhaitez vivre en bonne santé, heureux et jeune le plus longtemps possible alors pensez à vous détendre, à adapter votre alimentation et à limiter votre exposition aux dangers

Prenez soin de vous!

Par exemple, si vous devez prendre des **anti**biotiques, vous avez tout intérêt, à l'issue du traitement, à prendre des **pro**-biotiques, qui eux vont oeuvrer pour la vie et pour votre santé.

«Antibiotique»: de «anti» qui signifie «au lieu de», «contre» et «biotique»: «qui a rapport à la vie»

Un antibiotique détruit la vie. La vie des bactéries qui vous posent problème (maladie) mais aussi d'autres formes de vie, comme celles indispensables que vous hébergez dans votre système digestif.

13
ALIMENTATION A PRIVILÉGIER

Que manger?

✓ Plutôt que du lait de vache, préférez les boissons («laits») et crèmes végétales: riz, amande, noisette, châtaigne, et dans une moindre mesure: noix de coco, soja

Pour le soja, préférez-le sous forme fermentée, comme le tofu. Notamment pour les jeunes garçons car le soja non fermenté est riche en oestrogène, hormone féminine. C'est pourquoi il n'est pas recommandé aux garçons.

Comme l'huile de palme, le développement des usages de la noix de coco, entraine des dérives destructrices pour l'environnement. La noix de coco a perdu depuis 2017 son caractère recommandable.

✓ Il est tellement plaisant de manger du fromage.
Plutôt que des fromages au lait de vache, préférez d'abord ceux au lait de chèvre puis ceux au lait de brebis qui sont plus digeste.

✓ A la place des céréales mutées (blé, orge, avoine, grand épeautre...) choisissez des céréales complètes ou semi-complètes: Riz, sarrasin, sésame, petit épeautre, quinoa, lin, millet...
En graines germées elles sont encore plus bénéfiques (plus riches en acides aminés).
D'autres graines germées, sont aussi disponibles, comme l'alfalfa, le radis, etc.

✓ En lieu et place du sucre raffiné, utilisez le sirop d'érable pur, le sirop d'agave. Le miel pur (non chauffé, de préférence bio et non pas du miel industriel issu d'abeilles nourries à l'isoglucose)

✓ Pectine de fruit pour les confitures, à la place des gélifiants bizarres

✓ le xytol (extrait du bouleau) et la stévia (édulcorant naturel), mais normalement vous n'avez pas besoin de rajouter le goût «sucré» à vos aliments.

Les miels, comme les pollens ont les vertus de leurs plantes d'origine. Consommez de préférence les pollens frais (ou surgelés) bio et non déshydratés et d'origine connue

✓ Les viandes maigres ou les morceaux maigres de boeuf et de porc. Jambon maigre, charcuterie artisanale, animaux bio élevés en pâturage

✓ Les viandes blanches. Evitez toutefois la peau de volaille

✓ Les poissons et les crustacés. Idéalement les poissons des mers froides: Maquereaux, saumon, hareng, truites, sardines

Evitez les pêches en Atlantique nord, les poissons carnassiers (thon, espadon) et à longue vie (raie), car ils sont riches en métaux lourds. Ils accumulent en eux les polluants des espèces qu'ils consomment.

L'Humain, dernier maillon de la chaîne alimentaire, devient le réceptacle de tous les polluants. Evitez aussi les poissons fumés (molécule de MAILLARD abondante).

✓ Les oeufs bio. Idéalement ayant consommé de graines de lin qui apportent des omégas 3. (Voir livres de David SERVAN-SCHREIBER: «Guérir», «Anticancer»...)

✓ Les huiles de premières pressions à froid: Huile d'olive, huile de pépin de raisin, huile de colza, huile de noix, huile de lin, huile de pépin de courge, huile de carthame... Ce qui correspond aux huiles d'assaisonnement des crudités. (Attention, l'huile de lin oxydée devient toxique)

✓ Des algues, comme la spiruline. Riche en protéine et en acides aminés. Dulce, laitue de mer, wakamé et autres

✓ Les oléagineux: Noix de Grenoble, amandes, noix de cajou, noix de pékan, cacahuètes crues non salées

Des oléagineux **pour maigrir?**
Contrairement à une idée reçue, la consommation d'oléagineux optimise le cholestérol et fait maigrir; les bonnes graisses chassant les mauvaises. Si vous supprimez le sucre, l'isoglucose et les graisses saturées vous irez mieux. Pour peu que vous fassiez un tout petit peu d'exercice, les résultats sont rapides

Que manger encore?

✓ Les fruits à volonté

✓ Kiwi, ananas et papaye sont d'excellents pourvoyeurs d'enzymes qui favorisent la digestion (des graisses notamment).

✓ Les légumes crus

✓ Optez pour les cuissons marinées au citron. Par exemple pour le poisson ou pour la courgette

✓ Les aliments fermentés (choucroute, légumes lacto-fermentés: carottes, choux, poireaux). La lacto-fermentation est elle aussi excellente pour son apport en enzymes favorisant la digestion

✓ L'artichaut contribue également à une meilleure digestion

✓ Les cuissons «douces»: à l'eau, à la vapeur, à l'étouffée, en papillote (sans aluminium, nocif), au wok.

✓ Les légumes et légumineuses nécessitant peu ou pas de cuisson

Privilégiez les aliments alcalinisants (voir le tableau ci-après selon la classification du Dr Russell JAFFE)
A noter que le lait humain est alcalinisant alors que le lait de vache est acidifiant.

Aliments très alcalinisants		Aliments alcalinisants	
Ail	Oignon	Abricot	Huile d'onagre
Algues marines	Olive	Amandes	Chou-fleur
Ananas	Pamplemousse	Ananas jus	Lait d'amande
Asperge	Panais	Aubergine	Laitue
Brocoli	Patate douce	Avocat	Lin
Cannelle		Banane	Mûre
Cantaloup	Persil	Betterave	Navet
Daikon	Poivre	Céleri	Oeuf de caille
Eau minérale	Racine de lotus	Cerise	Papaye
Endive	Sel de mer	Champignon	Pêche
Framboise	Sauce soja	Chou	Poire

Aliments très alcalinisants		Aliments alcalinisants	
Gingembre racine	Prune Umeboshi	huile foie de morue	Pomme
Graine de citrouille	Pomme de terre douce	Choux de bruxelles	Vinaigre de cidre
Graine de pavot		Ciboulette	Raisin
Lentilles		Citron	Raisin sec
Lime		Citrouille	Sirop de riz
Mangue		Comcombre	Riz sauvage
Marron		Courge	Rutabaga
Mélasse		Fraise	Sésame
Melon d'eau		Gombo	Thé vert
Miso		Datte	
Moutarde verte		Figue	
Nectarine		Huile d'avocat	
Noix de cajou		Huile d'olive	

En conclusion de la prévention

En adoptant:

+ Une alimentation saine

+ L'habitude de pratiquer une activité physique régulière

+ Le choix de prendre le temps de vous poser et de dormir bien et suffisamment,

= vous avez l'énergie et la résilience de traiter les tracas et les exigences de la vie.

Vous avez aussi l'énergie, la forme et la disponibilité d'esprit pour profiter des bonheurs de l'existence.

Pour peu, en plus, que vous vous respectiez (vous et vos valeurs), vous dessinez un cercle vertueux dont vous profiterez longtemps.

Bien sûr, cela peut vous paraître difficile, de changer radicalement votre alimentation.
Bien sûr cela peut vous choquer ou vous paraître invraisemblable. Après tout, les produits cités comme néfastes pour votre santé sont autorisés. Donc ils sont forcément sans danger.

Mais si vous croyez encore que les politiciens sont honnêtes et qu'ils oeuvrent pour vous, que vos impôt sont toujours bien employés, que les lois empêchent les vols d'être commis, que les industriels et les distributeurs ne cherchent pas autre chose que le profit... Il serait temps de vous réveiller ou de ne plus croire au père Noël.

Vous doutez encore?

Simplement, pensez à ce slogan que vous pouvez voir affiché si manifestement aux yeux du public:
Il s'agit de «Liberté, Egalité, Fraternité»

Maintenant, demandez-vous honnêtement!
- «Est-ce qu'il se concrétise pour moi et autour de moi au quotidien?»
- «En ai-je la démonstration constante?»
- «S'applique-il et se vérifie-il de plus en plus, ou au contraire ces valeurs tendent-elles à disparaître?»

Si vous avez répondu une fois non, vous savez à quoi vous en tenir du politiquement correct, des journaux télévisés ou écrits, et du courant de pensée dominant.

Oubliez les discours, la publicité, le marketing, la propagande officielle et industrielle!

Prenez soin de vous! Agissez pour vous et prenez-vous en charge par des moyens quotidiens très simples et pour vous motiver, songez aux bienfaits dont vous profiterez tout le reste de votre vie!

Faites l'expérience! Essayez pendant deux semaines, pour vous, pour vos enfants, et constatez la différence.

Si vous n'avez pas essayé, vous ne savez pas; vous croyez savoir.

14

LE TEST

Elaboré plus de vingt ans après le célèbre test de MASLACH, qui date de 1981 (1), le Copenhagen Burnout Inventory (CBI) permet de mesurer son état psychique en entreprise.

Il a été mis au point au Danemark en 2005 par KRISTENSEN pour l'Institut national de la Santé au Travail.
Le CBI prend en compte les trois dimensions fondamentales du burn-out: l'épuisement personnel, l'épuisement professionnel et l'épuisement relationnel (2).

Ce test comporte trois séries de questions. Chaque réponse vous donnant un nombre de points.

En additionnant ces points vous chiffrez votre état d'épuisement.

1/ Epuisement personnel

Je suis fatigué(e)

Jamais ou presque jamais	Rarement	Parfois	Souvent	Tout le temps
0	1	2	3	4
			Résultat:	

Je suis physiquement épuisé(e)

Jamais ou presque jamais	Rarement	Parfois	Souvent	Tout le temps
0	1	2	3	4
			Résultat:	

(1) En 1981, Christina MASLACH met au point le premier test d'évaluation du burn-out. Il comprend 22 questions essentiellement relatives au ressenti psychologique face au travail. Connu sous le sigle MBI (MASLACH Burnout Inventory), il sert encore de mesure en France à l'INRS pour la prévention des accidents du travail et des maladies professionnelles.

(2) Voir le site du psychothérapeute Peter COGEN, l'un des spécialistes en Belgique de la souffrance au travail. Vous y trouverez aussi un test sur la dépression.

Je suis émotionnellement épuisé(e)

Jamais ou presque jamais	Rarement	Parfois	Souvent	Tout le temps
0	1	2	3	4
			Résultat:	

Je me dis que je n'en peux plus

Jamais ou presque jamais	Rarement	Parfois	Souvent	Tout le temps
0	1	2	3	4
			Résultat:	

Je me sens vidé(e)

Jamais ou presque jamais	Rarement	Parfois	Souvent	Tout le temps
0	1	2	3	4
			Résultat:	

Je me sens faible et susceptible de tomber malade

Jamais ou presque jamais	Rarement	Parfois	Souvent	Tout le temps
0	1	2	3	4
			Résultat:	

Additionnez les nombres correspondant aux réponses pour évaluer votre épuisement personnel. Total:

Inférieur à 13:   Pas d'inquiétude.
De 13 à 17:   Voyez vigilant(e).
Supérieur à 17:   Vous êtes physiquement et psychiquement épuisé(e).

2/ Epuisement professionnel

Mon travail est émotionnellement épuisant à un degré

Très faible	Faible	Moyen	Elevé	Très élevé
0	1	2	3	4
			Résultat:	

Mon travail m'épuise à un degré

Très faible	Faible	Moyen	Elevé	Très élevé
0	1	2	3	4
			Résultat:	

Mon travail me frustre à un degré

Très faible	Faible	Moyen	Elevé	Très élevé
0	1	2	3	4
			Résultat:	

Je me sens vidé(e) à la fin d'une journée de travail

Jamais ou presque jamais	Rarement	Parfois	Souvent	Tout le temps
0	1	2	3	4
			Résultat:	

En me levant, je me sens déjà épuisé(e) à l'idée d'une nouvelle journée de travail

Jamais ou presque jamais	Rarement	Parfois	Souvent	Tout le temps
0	1	2	3	4
			Résultat:	

Chaque heure de travail me paraît éprouvante

Jamais ou presque jamais	Rarement	Parfois	Souvent	Tout le temps
0	1	2	3	4
			Résultat:	

Je manque d'énergie dans les activités de loisir avec ma famille et mes amis

Jamais ou presque jamais	Rarement	Parfois	Souvent	Tout le temps
0	1	2	3	4
			Résultat:	

Additionnez les nombres correspondant aux réponses pour évaluer votre épuisement professionnel. Total:

Inférieur à 15:	Pas d'inquiétude.
De 15 à 19:	Soyez vigilant.
Supérieur à 19:	L'organisation professionnelle de votre entreprise vous épuise physiquement et mentalement.

3/ Epuisement relationnel

Travailler avec mes clients (3) m'est difficile à un degré

Très faible	Faible	Moyen	Elevé	Très élevé
0	1	2	3	4
			Résultat:	

Travailler avec mes clients est frustrant à un degré

Très faible	Faible	Moyen	Elevé	Très élevé
0	1	2	3	4
			Résultat:	

Travailler avec mes clients m'épuise à un degré

Très faible	Faible	Moyen	Elevé	Très élevé
0	1	2	3	4
			Résultat:	

Considérant ce que je donne à mes clients, leur retour me déçoit à un degré

Très faible	Faible	Moyen	Elevé	Très élevé
0	1	2	3	4
			Résultat:	

Travailler avec mes clients me fatigue

Jamais ou presque jamais	Rarement	Parfois	Souvent	Tout le temps
0	1	2	3	4
			Résultat:	

(3) Le mot "client" est un indicateur. Remplacez-le en fonction de votre environnement professionnel.

Je me demande combien de temps je tiendrai encore dans ce travail

Jamais ou presque jamais	Rarement	Parfois	Souvent	Tout le temps
0	1	2	3	4
			Résultat:	

Additionnez les nombres correspondant aux réponses pour évaluer votre épuisement relationnel. Total:

Inférieur à 13:	Pas d'inquiétude.
De 13 à 17:	Les symptômes d'épuisement relationnel sont préoccupants.
Supérieur à 17:	Vos relations professionnelles à l'intérieur ou à l'extérieur de l'entreprise vous épuisent

Résultat global:

En compilant vos épuisements personnel, professionnel, relationnel, vous synthétisez votre état.

Ce test peut aussi servir de base de réflexion.
Vous le soumettez à un groupe de personnes et vous avez matière à engager un travail d'échange ou à une régulation (4).

(4) Voir le chapitre «Régulation» du livre «Devenez Manager-Coach» du même auteur.

B/ Comment sortir du burn-out

15
SORTIR DU BURN-OUT

Si avec le test, vous reconnaissez les signes avant-coureurs d'un burn-out, ayez conscience que vous devez agir.

Rien ne s'améliorera sans vous. Vous devez agir si vous voulez que votre situation change, et évolue positivement.

Si vous prenez des mesures pour que votre vie trouve son équilibre, vous pouvez non seulement prévenir le burn-out mais même vous sentir mieux qu'auparavant.

S'il est trop tard pour le prévenir et que vous avez déjà passé le point de rupture, vous devez absolument prendre votre état très au sérieux.

N'essayez pas de faire comme si de rien n'était.
Continuer comme vous l'avez fait jusqu'alors ne ferait que causer plus de dommages, émotionnels et physiques.
N'attendez pas! Ne vous murez pas dans le silence! Réagissez et agissez!

Par petites touches, par petites étapes faciles à réaliser, vous pouvez changer le processus et retrouver une vie plaisante.
Vous pouvez vous créer une vie ans laquelle vous avez votre juste place et où vous pouvez apporter votre contribution, qui sera appréciée.

Dans le cas de signes avant coureur

1/Appliquez les principes de prévention

- ☑ Centrez-vous sur vos besoins, déterminez ce qui importe pour vous!
- ☑ Fixez des limites, sachez dire «Non»!
- ☑ Exprimez-vous, demandez des aménagements, du soutien!
- ☑ Socialisez, intégrez un club, fréquentez des associations! Suivez des cours, des formations! Participez à des stages!
- ☑ Détendez-vous!
- ☑ Riez!

☑ Faites de l'exercice!
☑ Dormez!
☑ Changez d'alimentation et entretenez votre santé!
☑ Sortez!
☑ Faites des pauses!
☑ Faites-vous plaisir!
☑ Créez!

Si vous avez atteint le stade du burn-out, vous en sortir et récupérer votre santé nécessitent des mesures supplémentaires.

Tous les éléments de la prévention vous aideront et contribueront à renforcer le processus de guérison mais vous devez agir plus profondément.

Ici encore vous n'êtes pas obligé de réaliser un changement radical et brutal pour aller mieux.

Un changement radical est peut-être nécessaire mais inutile de vous imposer des enjeux trop difficiles à atteindre. Procédez progressivement si cela vous convient mieux.

Chaque petite chose que vous ferez dans le bon sens apportera un bienfait. Leur cumul amplifiera votre évolution et votre nouvel épanouissement.

2/ Changez votre travail

Changez de travail ou alors le périmètre de votre travail. Ce n'est pas toujours possible, mais le fait d'y réfléchir vous ouvre déjà des pistes pour l'avenir.

✓ Le moyen le plus efficace pour lutter contre l'épuisement professionnel est d'arrêter de faire ce que vous faites, de faire autre chose, de faire autrement

Il peut s'agir de changer d'emploi ou de changer de carrière. Mais si ce n'est pas possible pour vous, il y a encore des choses que vous pouvez faire pour améliorer votre situation, ou au moins votre état d'esprit.

✓ Prenez une approche proactive plutôt qu'une approche passive de la question.
  - Vous vous sentirez moins impuissant si vous affirmez et exprimez vous-même vos besoins
  - Si vous n'avez pas l'autorité ni les ressources pour résoudre le problème, parlez en à un supérieur

- Si celui-ci ne peut rien ou est à l'origine du problème et ne veut pas changer, trouvez d'autres interlocuteurs: collègues, supérieur de votre supérieur, médecin du travail, représentant du personnel, médecin traitant, inspection du travail

✓ Clarifier votre description de poste.
- Demandez ou donnez à votre supérieur, au DRH, à votre patron, une description mise à jour de vos fonctions et de vos responsabilités professionnelles
- Soulignez les choses que vous êtes censées faire mais qui ne sont pas partie de votre description de poste
- Gagnez un peu en pouvoir de négociation en montrant ce que vous apportez dans le travail au-delà la fiche de votre poste

✓ Demandez de nouvelles fonctions.
Si vous avez fait exactement le même travail pendant une longue période, demander d'essayer quelque chose de nouveau:
- Un niveau de qualification différente, un territoire de vente différent, une machine différente

Si aucune de ces solutions ne peuvent s'appliquer, abordons les choses différemment.

3/Ralentissez

Lorsque vous atteignez le stade du burn-out, le fait d'ajuster votre attitude ou de chercher à recouvrer votre santé ne va pas suffire à résoudre le problème. Vous devez ralentir ou, mieux encore, faire une pause.
La maladie = Le mal a dit.
Votre corps et sa souffrance vous contraignent à réagir. Plus tôt ce sera, le mieux ce sera.

✓ Rompez les engagements et cessez les activités qui vous contraignent. Vous avez une priorité: Vous!

✓ Donnez vous du temps pour vous reposer, pour réfléchir, pour vous reconstruire, pour vous refaire une santé physique et émotionnelle. Vous prenez le temps d'être malade. Vous prendrez le temps de mourir. Alors accordez-vous le temps de faire le point et le temps nécessaire pour guérir.

Vous avez de la valeur. Vous avez quelque chose à apporter.
D'une manière ou d'une autre, vous contribuer. Pour l'heure,
prenez du temps pour vous.

4/Comprenez comment

Vous devez comprendre **comment** vous en êtes arrivé là.

✓ **Qu'est-ce qui est si important pour vous,** qui vous a fait
   accepter et endurer toutes ces choses qui ne vous convenaient
   pas?
Je ne parle pas de gagner votre revenu. Tout le monde a besoin
d'argent. Mais des conditions dans lesquelles vous acceptiez de le
gagner.

✓ Quelles sont vos peurs sous-jacentes. Celles qui vous ont
   poussé(e) et vous poussent encore à agir de cette manière.

✓ Trouvez et comprenez vos besoins psychologiques
   (profondément enfouis)? Ceux qui vous dirigent, malgré vous.

Besoins:

- de réaliser quelque chose?
- de prouver votre valeur? Que vous avez de la valeur?
- de démontrer que vous êtes à la hauteur?
- de montrer que vous êtes quelqu'un de bien?
- d'affirmer quelque chose? Compétence, intelligence, succès?
- d'aidez les autres?
- d'être utile? d'être gentil/gentille, serviable, aimable?
- de sécurité? Peur de manquer?
- de vous sentir exister? Comment? De quelle façon?
- de briller, d'être un vainqueur, une gagnante?

En quoi est-ce important pour vous?

En quoi est-ce si important? Tellement important que cela est
devenu plus important que vous-même, que votre santé, et que les
conditions indispensables à votre survie?

Même s'il existe une raison, quelle qu'elle soit, cela ne justifie
certainement pas d'aller jusqu'à vous détruire?
Qu'il y a-t-il dans votre passé qui a distordu votre perception de la
réalité? Quelle valeur vous attribuez-vous pour que le regard des
autres soit plus important que vous?

La vie:

Le but de tout organisme vivant est la survie et la survie de son espèce par la reproduction.
Le but n'a jamais été l'auto-destruction.

Si vous en êtes arrivé(e) au burn-out c'est que quelque chose dans votre programme a été modifié.

Une émotion, une injonction, une attitude, un ordre, une obligation réelle ou imaginée a modifié votre programme de base. Celui-ci ne travaille plus pour vous mais malgré vous et contre vous.

5/Trouvez une alternative:

✓ Qu'est-ce qui est vraiment important pour vous et **comment** pouvez-vous **satisfaire ce besoin de manière positive**?

- Qu'est-ce qui comblerait ce besoin impérieux tout en étant bon pour vous? Que quelqu'un vous le dise, que vous le reconnaissiez? Un exploit? Un titre? Un événement? Une réussite particulière?

- Attention! Si la satisfaction de votre besoin (reconnaissance, valeur, puissance, réussite, beauté, gentillesse...) dépend de l'appréciation ou du jugement des autres, vous serez toujours dépendant(e) et vulnérable.

- Si vous devez être superman ou réaliser un prodige pour vous estimer alors vous êtes coincé(e). Peut-être faut-il revoir vos critères et changer quelque chose dans votre perception de vous-même et de ce monde.

- Êtes-vous quelqu'un d'assez bien? C'est vous qui devez le déterminer selon des critères objectifs que vous choisissez.

- Est-ce que vous le méritez? Vous accordez-vous le droit de mériter ce dont vous rêvez?

✓ Votre identité et votre valeur ne doivent être déterminées que par vous, selon vous.
Pas par les autres, pas par le regard des autres et pas en fonction de croyances erronées.

Le cas de la reconnaissance:

Beaucoup de personnes qui n'ont pas obtenu de reconnaissance de la part de leurs parents sont constamment à la recherche de reconnaissance.
Besoin d'attirer l'attention, besoin de se démarquer, besoin d'affirmer leur identité et leur différence, besoin de recevoir de l'approbation.

Ceci explique par exemple, en partie, les scooters bruyants, les voitures «personnalisées», les conduites dangereuses (comme un héros de cinéma), les tenues extravagantes, les tatouages et le perçages, les tags, les extrémismes revendiqués, le nombrilisme affiché sur Facebook, les selfies...

Vous n'en avez pas vraiment besoin. Votre personnalité et votre richesse personnelle sont plus importantes que ça.

6/Obtenez de l'aide

Lorsque vous vous consumez, votre inclinaison naturelle est de protéger le peu d'énergie qui vous reste et de vous isoler.
Pourtant, vos amis et votre famille sont plus importants que jamais.

Osez partager et osez demander:

✓ Osez dire à vos proches que vous avez besoin de leur soutien!
- Osez exprimer votre souffrance, votre détresse, vos besoins de réconfort, de joie, de partage.
- Osez dévoiler votre vulnérabilité! De toute façon, que vous le vouliez ou non, votre faille va devenir flagrante. Autant prendre les choses en main. Provoquez l'échange et soyez actrice/acteur et auteur(e) de votre démarche!

✓ Partagez votre questionnement.
Vos proches peuvent avoir des pistes de réflexion, des idées de réponses, prendre des initiatives pour vous soutenir, pour vous valoriser, pour vous distraire, pour vous redonner confiance.

Parfois, il suffit de partager vos sentiments avec une autre personne pour soulager une partie du stress.
Un proche, un ami, n'a pas besoin de «réparer» vos problèmes. L'écoute, le partage, la discussion, l'échange, les délires, le rire sont déjà une grande aide.

Vous ouvrir de vos problèmes, de vos sentiments, ne fera pas de vous un fardeau pour les autres. Il ne leur en coûte rien.

Au contraire, la plupart de vos amis(es) seront flattés de la confiance que vous leur ferez. Cela ne fera que renforcer votre amitié.
Vous saurez aussi rapidement qui sont vos vrais amis(es).

✓Vous pouvez (devriez) aussi faire appel à un thérapeute pour vous aider à comprendre, pour vous accompagner dans votre cheminement de prise de conscience et pour vous aider à aller mieux. Toute aide compétente est bonne à prendre.

Retour d'expérience sur les thérapies:

Laissez tomber l'idée d'une thérapie du genre psychanalyse!

C'est long, fastidieux, coûteux. Vous ressassez vos problèmes et vos misères pendant des heures pour comprendre le pourquoi du comment de quand vous étiez enfant.
Pendant des heures vous baignez dans vos problèmes. C'est terriblement déprimant.

En plus vous monologuez. Vous parlez à quelqu'un que vous ne voyez pas. Ou vous parlez, à quelqu'un qui ne vous répond quasiment pas.
Pendant des heures, vous vous parlez à vous-même de vos malheurs.
Si vous croyez que ça va vous remonter le moral...

C'est une démarche intellectuelle intéressante, d'accord! Mais ce n'est pas le meilleur moment. Il y a plus urgent et plus efficace pour que vous alliez mieux et pour que vous repartiez du bon pied sur votre chemin de vie.

La Gestalt?

La Gestalt thérapie travaille sur les émotions, sur «l'ici et maintenant». Elle se sert de ce qui est présent, de ce qu'expose ou apporte le client. Elles utilise les émotions, ou les fait émerger.

Cette énergie émotionnelle très puissante permet d'exprimer et d'exploser les noeuds du passé.

Par exemple, on vous amène à exprimer à votre mère ou à votre père ce que vous n'osez pas lui dire ou ce que vous auriez aimé lui dire. Vous lui dites tout, les «je t'aime», «tu me manques» et même les reproches et les horreurs.
Vous exprimez, vous laissez sortir. Cela vous libère et vous vous sentez mieux.

En plus, le travail en groupe surprend votre cerveau. Les histoires, le vécu, les émotions des uns et des autres, font écho à votre propre histoire et hop! Vos émotions apparaissent sans que votre intellect ait eu le temps de tout contrôler.
C'est amusant, surprenant, intéressant, libérateur.

Le petit défaut de la Gestalt, est qu'elle donne un modèle de fonctionnement très bizarre à votre cerveau.
Dans le cadre de la Gestalt, vous allez frapper de toutes vos forces sur votre frère, votre père...(un coussin), crier votre rage à votre grand-mère, votre copain de maternelle... (une chaise ou un vêtement qui le symbolise), et en retour vous recevez des félicitations et des câlins de tout le monde. Parce que vous avez osé, parce que vous vous êtes libéré(e), pour avoir été ce tueur potentiel empli de haine et de violence.

Donc, vous «pétez complètement les plombs» et on vous aime.
Drôle de modèle!
Si votre cerveau adopte la démarche comme un automatisme de fonctionnement valorisant et de libération, vous aurez un autre type de problèmes.

J'ai adoré la Gestalt. J'ai même envisagé de devenir Gestalt thérapeute. J'ai commencé la démarche, deux ans durant, j'ai suivi les stages et rencontrer les formateurs.
C'est vraiment très chouette, très très puissant. C'est vraiment une expérience que je recommande.

Mais il y manque, si mon avis en la matière peut avoir une quelconque valeur, un petit point intéressant: La partie reconstruction.
Hé oui! Penser que les choses se remettent à la bonne place d'elles-mêmes, c'est bien. Cela arrive, souvent.
Mais choisir ce que l'on veut avoir à la place des problèmes que l'on a explosés, c'est encore mieux.

Surtout dans une situation de crise comme le burn-out.

Et c'est là qu'intervient la PNL. Programmation Neuro linguistique; le programme de codage et de fonctionnement de votre cerveau avec son langage spécifique.

Attention! Je ne me pose pas en gourou-guérisseur, je ne prêche pas. Je ne détiens pas La Vérité.

Je parle selon mon expérience de patient*, de membre de groupes de thérapie*, d'apprenti Gestaltiste*, de diplômé en Process Communication Management, de maître praticien PNL*, de consultant, de formateur et de coach.

Je dis seulement que, une fois que vous avez compris, mis au jour, exprimé, explosé vos blocages et les bugs de votre programme cérébrale: il est pertinent de mettre en place un autre système qui vous donne plus de satisfaction.
C'est alors qu'une autre démarche, ou que la PNL et ses outils, vient vous aider.

En revanche, bien sûr, le principal défaut de ces thérapies, qui sont pourtant très efficaces, est qu'elles ne sont pas médicamenteuses. Elles ne sont pas prescrites par des médecins, elles ne sont pas remboursées par la Sécurité Sociale.

Si vous prenez un ou des médicaments prescrits par votre médecin ou par un psychiatre, n'arrêtez pas au prétexte que vous avez lu ce livre. Ils peuvent vous soulager et vous aider à surmonter un passage difficile.

Un anti-douleur lorsque vous avez mal aux dents ou que vous vous êtes fracturé le bras est très utile et vous permet de vous reconstruire dans de meilleures conditions. Ceci dit...

C'est vous même, c'est votre organisme qui se guérit. Vos os se ressoudent, votre système immunitaire prend le dessus sur la maladie. Un traitement vous aide et rend les choses plus confortables. Pour ce qui est du stress, de la dépression ou du burn-out...

*J'ai pratiqué 5 psychothérapeutes différents et leurs techniques.
Plus, 4 thérapeutes-formateurs en Gestalt
Plus, 5 thérapeutes-formateurs en PNL, dont les plus grands, Alain Moenaert, David Gordon, Robert Dilts...

Un médica... ment:

Un médecin généraliste, un psychiatre, vont prescrire des médicaments: somnifères, anti-dépresseurs, anxiolytiques, psychotropes. C'est ce que font les médecins.

Ces chers médicaments ont pour but de faire disparaître les symptômes de votre souffrance. Mais ils risquent également de complètement embrouiller votre cerveau, vos perceptions, votre personnalité.

Supprimer la douleur peut être une bonne chose. Cela aide. Si vous avez mal au bras, au dos, à l'estomac, à la tête. Mais, supprimer la douleur ne soigne pas l'origine de la douleur.

Un antidépresseur, un calmant, un neuroleptique, vont brouiller le signal de mal-être, de dépression... mais ne vont pas vous rendre l'énergie, la joie de vivre, l'envie de bâtir votre nouvelle vie.
Ils ne vous aident pas à savoir ce qui vous convient, ce qui vous rend heureux(se), serein(e), épanoui(e).

Oui, d'accord, ils sont remboursés. Ils sont faciles à prescrire et faciles à utiliser.

Rappelez-vous qu'il vous a aussi été «plus facile» de subir, que de vous rebeller ou de trouver une autre solution.
Cela a-t-il été la meilleure solution pour vous? Pour votre santé? Non!

Donc, il vous faut procéder autrement pour vous reconstruire et pour vous dessiner un autre avenir, un bel avenir.
Encore une fois, si vous avez commencé à prendre des médicaments, continuez. Mais ne vous en contentez pas.
Faites une thérapie (psycho) qui vous aide en profondeur. Ne vous satisfaisait pas d'une médication!

7/Redéfinissez-vous!

Déterminez:

✓ Ce qui est le plus important pour vous. Ce qui vous transcende
✓ Ce qui définit votre identité, qui vous êtes, qui vous voulez être
✓ Vos valeurs, vos croyances, ce que vous voulez réaliser
✓ Vos compétences, savoir-faire, savoir être, capacités

✓ Ce que vous voulez faire, comment vous voulez le faire
✓ L'environnement, le lieu, l'entreprise, le contexte qui vous correspond désormais le mieux

Astuce:

Il est de très loin plus facile, plus efficace et plus amusant de capitaliser sur vos points forts que d'essayer de corriger tous vos points faibles.

Soyez qui vous êtes, faites ce que vous faites le mieux et de la façon qui vous correspond le mieux. Appuyez-vous sur vos qualités, sur votre richesse, sur ce qui vous particularise.
La première chose à faire et de savoir ce que c'est.

8/Réévaluer vos objectifs et vos priorités

Le burn-out est le signe indéniable que quelque chose d'important dans votre vie ne fonctionne pas.

A partir de votre redéfinition et des points qui vous correspondent vraiment, que vous venez de lister, prenez le temps de réfléchir à vos espoirs, vos buts et vos rêves.

✓ Négligez-vous quelque chose qui est vraiment important pour vous?
✓ Avez-vous abandonné quelque chose qui vous tient à coeur?
✓ Qu'est-ce qui vous rend vraiment heureuse/heureux?
✓ Qu'est-ce qui compte vraiment pour vous?
✓ Qu'est-ce que vous voulez faire de votre vie?
✓ Qu'est-ce que vous aimeriez accomplir au cours de votre vie?
✓ Qu'est-ce que vous aimeriez laisser de votre passage sur terre:
  - Vos enfants, un livre, une histoire, une idée, une entreprise, une invention, une recette, un souvenir?
  - Avoir aider quelqu'un, avoir transformer positivement des vies, avoir creuser ou financer un puit d'eau potable en Afrique, avoir transmis un savoir particulier, des valeurs, une technique, une méthode thérapeutique?
  - Avoir été le plus juste possible et avoir fait de votre mieux?
✓ Comment pouvez-vous donner plus de place dans votre vie à ce projet important pour vous?

✓Comment mettre ce projet au coeur de votre activité professionnelle ou, au moins, comment faire en sorte que votre travail, sinon le soutienne, au moins le permette?

9/Dressez l'état de vos pertes

En dehors de ce qui vous a conduit au burn-out (perte de contrôle, perte d'appartenance, perte de contrepartie, perte de valorisation, perte de temps de récupération, etc.), le burn-out lui aussi entraîne de nombreuses pertes.

Mais comme elles pourraient passer inaperçues, il importe que vous en preniez conscience. Afin que vous les acceptiez.

Pourquoi reconnaître ces pertes?

Parce que, à défaut de les reconnaître, une part de votre énergie y serait piégée.

Vouloir nier une perte ou bloquer, plus ou moins consciemment, la douleur qu'elle provoque, exige un contrôle émotionnel et donc de l'énergie.
Par ailleurs, la méconnaissance de ce que vous perdez, vous empêche d'en faire le deuil et de progresser.

Les pertes peuvent concerner:

- L'idéal ou le rêve que vous aviez pour votre carrière
- Le rôle ou l'identité que vous endossiez et que vous assimiliez à votre travail
- L'Énergie physique et émotionnelle que vous aviez auparavant
- Les collègues, les amis, l'ambiance de travail, réelle ou non, la communauté, l'image de l'entreprise dans laquelle vous vous étiez investi(e), la part de vous (le temps, les réalisations) que vous y avez laissé
- L'estime de vous
- Le sentiment de contrôle, de pouvoir, de puissance
- La joie de vivre, l'optimisme
- Le sens qui faisait que le travail et la vie valent la peine
- La santé et les capacités physiques que vous aviez
- Etc.

En effectuant le processus de deuil, vous libérez l'énergie piégée et vous vous ouvrez à la guérison.

Processus de deuil:

Le processus de deuil se déroule en plusieurs étapes, qui ne se suivent pas nécessairement de façon linéaire et par lesquelles vous pouvez passer plusieurs fois.

Ces étapes sont:
- Le déni: ce n'est pas vrai, ce n'est pas possible
- Le marchandage: il y a surement une erreur, il y a une autre solution, ça ne peut pas se passer comme ça, et si...
- La colère: contre l'entreprise, contre le supérieur, contre l'univers, contre vous-même. Vous voulez un fautif contre qui exprimer votre rage, votre rancoeur, votre envie de faire payer
- La tristesse: le désespoir, l'abattement face à la perte
- Puis l'acceptation et donc le deuil: Les choses sont ainsi, irrémédiables, il vous faut faire avec

Ce n'est que lorsque l'acceptation a lieu, après être passé(e) par chaque étape, que vous pouvez reprendre votre route, vers autre chose.
C'est alors seulement, que rien, aucune phase du processus, aucune énergie, ne reste bloquée, que votre énergie et votre esprit peuvent se tourner vers l'avenir.

10/Retrouvez le positif en vous

Comment faire?
Prenez une inspiration profonde! Puis, soufflez!
Le burn-out (maladie, «mal a dit») vous signifie très clairement: arrêtez-vous!
Il vous force à réévaluer votre vie et faire des choix que vous n'auriez pas fait autrement.

Puisque vous n'avez pas d'autre alternative que de réfléchir, et de prendre de la distance avec votre quotidien, le programme de survie de votre cerveau a surement une intention positive pour vous. Plus facile à dire qu'à admettre, j"en conviens.

Quoiqu'il en soit, prenez ce qui vous arrive comme une opportunité. **Car c'en est une.**

Voici plusieurs façons de vous renouveler, de sortir du burn-out et de redécouvrir l'énergie de vie qui est en vous:

a/ Regardez votre vie sous un angle différent!

+Imaginez-vous en observateur, ou flottant au-dessus de votre vie et regardez votre journée type se dérouler.

+Remarquez comment les événements de votre journée se déroulent et comment vous les percevez. Vous êtes spectatrice/ spectateur, comme si vous regardiez un film.

+Vous réalisez que vos préoccupations, vos obsessions, vos tracas, vos urgences ne sont peut-être pas aussi importantes qu'il y paraissait.

+Remettez les événements dans une perspective de plusieurs années. Prenez de la hauteur, de la distance!
+Regardez votre quotidien comme si vous regardiez en même temps les dix dernières années de votre vie.

+Imaginez-vous dans dix ans! Vous avez dix ans de plus, autant d'expériences en plus, le recul de dix années supplémentaires.
+Depuis cette position, regardez en arrière sur votre présent qui semble si lointain.

+Relativisez votre opinion sur vous-même! Percevez la relativité de l'importance que vous accordiez à certaines urgences.
+Voyez les choix qui sont les plus bénéfiques pour vous et pour vos objectifs.

b/Rappelez-vous!

+Souvenez-vous où vous trouviez votre énergie et votre passion!
+Rappelez-vous ce qui vous avait motivé!
Travail, relation, entreprise, projet de vie...
+Quelles sont les motivations qui restent d'actualité? Quelles sont celles qui vous paraissent aujourd'hui sans intérêt?
+Rappelez-vous et gardez à l'esprit celles qui vous tenaient le plus à coeur et qui ont encore pour vous de la valeur aujourd'hui!

+Connectez-vous avec votre enfant intérieur, avec vos rêves, avec ce qui vous faisait vibrer et avec ce qui vous anime encore!

c/ Notez ce qui vous vient à l'esprit!

+Quand vous retrouvez cette mémoire, notez ce qui vous vient à l'esprit! Idées, motivations, associations d'idées, rêves, projets, envies.
Cela vous connecte avec ce qui vous anime, cela réveille des envies, vous inspire de nouveaux projets.

Vous êtes toujours la personne que vous étiez, les rêves, la passion sont encore en vous.

d/ Délimitez les facteurs de stress dans votre vie

+Quelles sont les causes qui font que vous ne vous sentiez pas bien au travail?
+Faites un plan de bataille pour réduire les facteurs de stress!

+Pouvez-vous agir sur la façon dont votre travail vous fait vous sentir?
+Y a t-il une relation qui pourrait être meilleure?
+Pouvez-vous dire ou changer quelque chose qui ferait une différence?

Soit vous pouvez changer les choses dans votre travail, soit vous ne pouvez pas. Si vous ne pouvez rien changer pour l'instant, peu importe!
Ce qui compte, c'est que vous sachiez clairement ce qui vous correspond, ce que vous voulez pour vous, ce que vous êtes prêt(e) à accepter et ce que vous refusez désormais.

Les choses qui vous font le plus réagir dans la vie sont généralement vos valeurs bafouées: si l'on vous vole, si vous êtes contraint(e), si l'on vous exploite, si l'on vous humilie devant quelqu'un d'important pour vous, si vous échouez, etc.
Cela met en évidence, si vous n'en aviez pas conscience, ce qui est vraiment important pour vous. Vous pouvez donc maintenant déterminer ce qu'il vous faut.

Au besoin, si vous avez épuisez vos congés, allez voir le médecin et obtenez un arrêt maladie. Vous avez besoin de temps pour vous et vous avez besoin de vous reconstruire.
Grâce à cette pause:...

e/ Décidez ce que vous voulez

+Ecrivez! Faites la liste de ce que vous voulez trouver dans votre prochain travail!
+Dites ce que vous voulez avoir dans votre vie! Notez tout ce qui est important pour vous! Décrivez votre travail idéal et écrivez-le!

- Secteur d'activité
- Type d'entreprise
- Localisation, local, atelier, usine, bureau, décor
- Métier
- Horaires
- Salaire
- Avantages
- Responsabilités
- Ambiance et relations avec les collègues, avec la hiérarchie
- Déplacements
- Taches et missions
- Matériel, logiciels, équipements
- Satisfactions, réalisations, réussites
- Clients, contrats, valeur ajoutée
- Tout ce qu'il est important pour vous, dorénavant, d'avoir dans votre travail
- ...

Il est important de l'écrire. L'écriture fait intervenir beaucoup de muscles et de connexions cérébrales qui vont stimuler votre cerveau.
Ces stimulations vont favoriser la réalisation de ce que vous voulez.

Quand vous écrivez, vous vous parlez à vous-même et vous voyez/lisez ce que vous écrivez. Vous rendez tangible pour votre cerveau ce que vous voulez. Vous vous envoyez une information tactile, auditive, visuelle et émotionnelle qui ancre et renforce votre demande.

16

CHANGEZ
GRÂCE À VOTRE CERVEAU

Voici cinq techniques puissantes qui vous aiderons à vous sentir nettement mieux. Offrez-vous de les appliquer! Elles fonctionnent.

1/Visualisez

Visualisez votre désir

Visualisez, comme si vous y étiez, votre travail idéal. Ne vous focalisez pas sur le nom de l'entreprise, ni sur la date au jour près où vous commencerez, ni au centime près, sur votre revenu. Vous pouvez très bien obtenir mieux, ailleurs, 15 jours plus tard, et y être mieux payé.

Ce qui compte, c'est que vous imaginiez, voyez, rêviez, ressentiez comme si vous y étiez: Votre satisfaction, votre bien-être.

✓ Entendez vos collègues plaisanter avec vous!
✓ Entendez votre supérieur(e) vous encourager ou vos interlocutrices vous féliciter!
✓ Voyez comme votre lieu de travail est plaisant!
✓ Sentez le contact familier avec votre outil de travail!
✓ Serrez des mains chaleureuses!
✓ Sentez les odeurs plaisantes et familière d'un travail qui vous convient et qui vous épanouit. Odeur d'huile, d'encre, de parfum, de fleurs, de produit d'entretien, de voiture neuve, de terre, de crêpes...
✓ Ressentez votre satisfaction après une agréable journée de travail!
✓ Ressentez, voyez, touchez, sentez, entendez, regardez comme si vous y étiez. Vivez en esprit, tout ce qui correspond à votre activité idéale dans un lieu idéal avec une ambiance idéale!

Tous les grands athlètes font de la visualisation pour améliorer leurs performances. Tous les grands motivateurs utilisent la visualisation. Certains des plus grands thérapeutes (Bateson,

Ericsson, Bandler, Gordon) utilisaient ou utilisent encore inductions hypnotiques et visualisation.

Pourquoi? Parce que ça marche.

Essayez et vous le constaterez.

Si vous voulez apprendre un mouvement, pour la danse, pour l'utilisation d'une machine, pour démonter/remonter un appareil, pour préparer un entretien, la visualisation va vous faire gagner du temps, va vous rendre plus performant(e).

Donc, le plus souvent possible, le plus intensément possible, visualisez ce que vous voulez vivre, avoir, réussir.

Albert Einstein disait: «Les pensées sont des choses».
Il ne disait pas de l'immatériel, de l'impalpable, mais des choses.

Au même titre qu'un bout de bois ou qu'une brique, il considérait qu'une pensée et un objet étaient semblables.
À une seule différence près; leur niveau vibratoire.

De même que les grands esprits se rencontrent et vont tendre vers une même solution, ou vers des solutions différentes pour résoudre le même problème sans s'être concertés; cette énergie, cette idée, si elle est bien pensée, va tendre à se matérialiser.

Karl Jung parlait de synchronicité.
Vous pensez à quelqu'un depuis quelques jours et «curieusement» cette personne vous appelle au téléphone.
Vous avez un problème à l'esprit depuis un moment. Vous tombez «par hasard» sur un article qui vous suggère une solution.
Quelqu'un vous raconte une histoire qui vous apporte la clef qui vous manquait pour déverrouiller une situation.

Que vous soyez croyant ou pas, à minima vous pouvez admettre que **Jésus Christ** était un initié, vraisemblablement un guérisseur et sans nul doute, un orateur qui savait inspirer son public.

Il a accompli des choses extraordinaires, surtout considérant le contexte où il vivait. Les évangiles rapportent parmi ses paroles:
«Ce que vous demandez dans la prière, considérez que vous l'avez reçu. Il vous sera accordé.»

Penser positif et visualiser, fait une différence.

Donc, soit vous vous focalisez sur vos problèmes, vous en emplissez votre esprit, vous baignez dans des pensées négatives et vous manifestez cette énergie.
Soit vous visualisez ce que voulez, comme si vous l'aviez déjà.

2/Commandez la bonne humeur

Commandez et vous serez de bonne humeur.

Tenez-vous droit, redressez les épaules, regardez loin devant vous ou levez les yeux au ciel, et souriez! Respirez à fond et souriez!

Essayez d'avoir une pensée triste ou de vous sentir grognon dans cette attitude. Vous verrez, c'est quasi impossible. Les signaux envoyés à votre cerveau par votre corps lui disent: joie, enthousiasme, dynamisme. Le cerveau ne peut pas à la fois être triste et joyeux.

Redressez-vous, souriez, écoutez de la musique entrainante et battez la mesure en même temps. Aussitôt, vous vous sentez mieux.

Il vous suffit de le décider.
Redressez-vous, regardez loin, vers l'horizon, et souriez!
Hop! Vous vous sentez mieux.

Dans les arts martiaux et en Qi Gong c'est la même technique.
Si vous portez votre regard devant vous, vous êtes plus centré(e) et plus stable que si vous regardez vers le bas. Question d'énergie et de posture? Peu importe, ça marche.

Il est plus difficile de vous pousser et de vous déséquilibrer si vous regardez devant vous que si vous regarder le sol. Or la posture de la personne triste, de la victime, c'est de regarder par terre.

Alors soyez joyeux, levez les yeux! Redressez-vous et souriez!

3/ Ancrez-vous des ressources

Un ancrage, est l'association entre un ressenti, un état d'esprit, une émotion et une ancre visuelle, auditive, kinesthésique (physique) ou olfactive.

Vous avez surement en mémoire une musique qui chaque fois que vous l'écoutez, vous renvoie à la période de votre vie ou à l'état émotionnel dans lequel vous étiez quand vous l'écoutiez.

Cela fonctionne aussi pour une odeur (de crêpe, de cheval, de crème solaire, d'atelier, de feu de cheminée, etc...).

Cela se vérifie aussi avec une image particulière ou un contact physique spécifique.
Par exemple, si chaque fois que vous faisiez bien quelque chose, que vous réussissiez, votre père, vos amis, vous donnaient une tape sur l'épaule, il y a fort à parier qu'une tape sur l'épaule provoque en vous quelque chose de positif et que vous vous retrouviez instantanément avec la même sensation.

Vous pouvez utiliser ce phénomène d'ancrage à votre avantage.

a/Trouvez une situation
Trouvez une situation où vous vous sentiez bien, un état positif que vous aimeriez retrouver facilement, à volonté.

Trouvez cette situation spécifique dans laquelle vous vous sentiez confiant(e), sûr de vous, dynamique, détendu(e), alerte, en fonction de ce que vous voulez activer...

b/Revivez la situation
Revivez maintenant cette situation.
Que voyiez-vous, qu'entendiez-vous, que sentiez-vous, que ressentiez-vous, comment étiez-vous (humeur, sentiment, sensations, pensées)?

Maintenant retournez dans cette expérience.
Quand vous y serez complètement, avec tous les points positifs qui la constituaient et que vous ressentiez, faites un geste ou voyez une image précise et particulière qui va vous servir d'ancre.

Par exemple, vous pouvez joindre l'annulaire et le pouce. Vous pouvez choisir un cliché, comme si vous preniez une photo, de la scène que vous viviez.

Veillez à activer votre ancre au moment le plus intense. En fait, juste un peu avant et pendant la plus forte intensité.
En effet, il est parfois difficile de se concentrer longtemps et il importe que l'ancre soit associé au maximum de ressenti positif.

c/Ancrez votre ressource

Allez-y! Retrouver la scène. Celle avec les éléments que vous voulez pouvoir déclencher à volonté. Sérénité, courage, décontraction, confiance, bonne humeur, dynamisme... vous choisissez ce qui vous correspond, ce dont vous avez besoin.

Retrouvez la scène, plongez-y et revivez-la et faites l'ancrage! Faites le geste associé ou voyez l'image que vous avez choisie d'associer comme déclencheur.

Une fois que c'est fait. Revenez ici et maintenant!
Regardez ce qui vous entoure. Quelle est la couleur des murs? D'un tableau? Le nombre de chaises?

Ceci fait, centrez-vous sur vous et activez votre ancre! Faites le geste ou voyez l'image que vous avez choisie!

Instantanément, l''émotion, l'état d'esprit dans lequel vous étiez est réactivé. Vous pouvez à volonté retrouver cet état positif.

Si une situation ne contient pas tous les éléments que vous désirez activer, vous pouvez additionner les ancres.

Par exemple, vous avez une situation où vous vous sentez totalement confiant(e) en vous mais dans laquelle vous n'avez pas la concentration. Trouvez une situation ou vous étiez particulièrement concentré(e) (mais relax) et où les idées vous venaient aisément. Puis suivez le même processus et utilisez la même ancre.

Vous pouvez «empiler» les ancres, accumuler des ressentis positifs fonctionnant avec le même déclencheur.

Testez! C'est troublant, car vous constaterez que c'est très efficace en plus d'être facile à réaliser.

4/Annulez des événements négatifs

Un événement vous perturbe, vous gène. Lorsque vous y repensez vous vous sentez mal à l'aise.

a/Sélectionnez un extrait

Trouvez l'extrait de cette situation qui représente, qui symbolise le mieux cet événement. Comme s'il s'agissait d'un film de cinéma, choisissez l'extrait le plus marquant, le plus symbolique pour vous. Comment vous sentez-vous quand vous y repensez?

b/Préparez la musique

Préparez vous! Quand vous allez visionner à nouveau cet extrait, vous allez passer une bande son, une musique délirante, grotesque, ridicule. Musique de clown ou musique de fanfare que vous inventez, peu importe. Ce qui compte, est que cette musique soit ridicule, drôle, décalée, loufoque. Du genre Ta tara ta tzoin dzinn boum meuh coin...

Vous êtes prêt(e)?

c/Moteur!

Allez-y! Passez le film en même temps que vous entendez, que vous jouez dans votre tête la musique loufoque!

Repassez l'extrait et la bande son ridicule simultanément deux ou trois fois.

Comment vivez vous maintenant cet événement? Comment vous sentez-vous? Quelle différence par rapport à la première fois?

Hé oui! Votre ressenti, vos sensations ne sont plus les même.

Les événements n'ont pas changé mais votre perception a changé. C'est ce qui compte.

Peu importent les événements. C'est votre mémoire, votre ressenti qui compte surtout, afin que vous vous sentiez bien.
Ce qui compte, c'est Vous.

5/Changer de personnalité

a) Choisissez un trait de caractère que vous aimeriez posséder

b) Créez une représentation de vous lorsque vous étiez enfant (3/4 ans)

c) Ajouter un de vos parents à cette représentation

d) Identifiez la ou les ressources qui auraient permis à ce parent de faciliter le développement du trait de caractère choisi

e) Donnez ces ressources au parent et faites comme s'il était naturel pour ce parent de posséder ces ressources

f) Faites démarrer le film de votre vie et observez si les ressources données au parent sont suffisantes pour permettre à l'enfant de développer le trait de personnalité désiré. Donnez d'autres ressources si nécessaires (en faisant un arrêt sur image ou en repartant éventuellement en arrière si le film ne se passe pas comme vous voudriez)

g) Une fois l'expérience dans le film pleinement satisfaisante, rembobinez celui-ci jusqu'au début. Associez vous à votre «vous» plus jeune (fusionnez avec vous enfant) et vivez le film comme si vous y étiez. Orientez votre attention sur ce que vous ressentez lorsque vous développez cette nouvelle façon d'être, ce nouvel élément de votre personnalité.

Refaites cette étape au moins deux fois, en augmentant la vitesse à chaque fois. Votre cerveau code cette nouvelle réalité par la répétition

h) Répétez les étapes précédentes avec votre autre parent, qui aura peut-être besoin de ressources complémentaires plutôt que similaires

i) Ensuite, répétez les étapes de l'exercice avec un mentor, une personne importante ou une figure d'inspiration pour vous. Plus besoin de lui donner des ressources, puisque vous l'aurez choisie pour les ressources qu'elle possède

j) Vérifiez que ce nouveau trait de caractère est adéquat dans votre vie.

k) Puis, imaginez! Créez trois futurs possibles avec ce nouveau trait de personnalité. Visualisez!

Répétez l'exercice un mois plus tard, puis trois mois plus tard, afin d'installer durablement ce trait de caractère.
Pour cela, il peut être pertinent de noter quelque part les ressources que vous aurez transmises à vos parents. Sinon, un mois et trois mois plus tard, vous risquez d'en oublier.

17
CONCLUSION

Le burn-out change une vie.

La personne affectée n'est plus, et ne sera jamais plus la même. Il y a un «avant» et un «après».

Avant:
- La personne a tout son capital physique, psychologique et émotionnel
- Elle est équilibrée, en ce sens qu'elle se maintient dans l'équilibre de vie qu'elle a accepté d'adopter
- Elle a une santé conforme à la normale
- Elle fonctionne dans un emploi et avec un relationnel propre à son groupe socio-économique
- Elle est capable de s'investir, que ce soit dans son travail, dans ses loisirs, dans sa vie sociale

Après...

Après, comme après la démolition partielle, plus ou moins grave, d'un immeuble, **il faut reconstruire!**

1/La mauvaise idée

Cette piste pourrait sembler un choix évident, dans la volonté d'épargner la personne qui cherche à se remettre du burn-out:

Elle consiste à tenter de restaurer les choses telles qu'elles étaient et, si ce n'est pas possible, à essayer dans une moindre mesure, de faire comme avant
Dans le cas de l'immeuble, il s'agirait d'un rafistolage

Cela requerrait des efforts et contraindrait la personne dans une attitude, un type de travail et d'une manière générale, dans un fonctionnement qui ne lui correspondent plus.

2/ La meilleure idée

+ Faire de cette fin (fin de la personne d'avant) un commencement

+ Cette remise en question imposée est l'opportunité d'une reconstruction complète, plus harmonieuse et plus écologique pour soi

+ Profiter de la «démolition», des failles, des doutes, des questionnements pour mener une réflexion sur sa vie, sur ses attentes, sur ses envies, sur ses projets, sur ce qui compte vraiment, sur la contribution que vous voulez apporter

+ Refondre sa personnalité, avec ses valeurs assumées, avec un nouveau mode de fonctionnement, d'autres relations avec les autres et au travail

Nouvelle santé, nouvelles contraintes, nouvelles priorités, nouvelles relations, nouveau travail...

C'est **une vie nouvelle** qui s'offre à vous et que vous avez tout intérêt à accepter. **Profitez-en!**

18
LA VIE APRÈS...

- Foetus 1 : Et toi, tu crois à la vie après l'accouchement ?

- Foetus 2 : Bien sûr. C'est évident que la vie après l'accouchement existe. Nous sommes ici pour devenir forts et nous préparer pour ce qui nous attend après.

- Foetus 1: tout ça, c'est insensé. Il n'y a rien après l'accouchement ! A quoi ressemblerait une vie hors du ventre ?

- Foetus 2 : Eh bien, il y a beaucoup d'histoires à propos de "l'autre côté"... On dit que, là-bas, il y a beaucoup de lumière, beaucoup de joie et d'émotions, des milliers de choses à vivre... Par exemple, il paraît que là-bas on va manger avec notre bouche.

- Foetus 1 : Mais c'est n'importe quoi ! Nous avons notre cordon ombilical et c'est ça qui nous nourrit. Tout le monde le sait. On ne se nourrit pas par la bouche ! En plus, il n'y a jamais eu de revenant de cette autre vie... donc, tout ça, ce sont des histoires de personnes naïves. La vie se termine tout simplement à l'accouchement. C'est comme ça, il faut l'accepter.

- Foetus 2 : Et bien, permets-moi de penser autrement. C'est sûr, je ne sais pas exactement à quoi cette vie après l'accouchement va ressembler, et je ne pourrais rien te prouver. Mais j'aime croire que, dans la vie qui vient, nous verrons notre maman et elle prendra soin de nous.

- Foetus 1 : "Maman" ? Tu veux dire que tu crois en "Maman" ??? Ah ! Et où se trouve-t-elle ?

- Foetus 2 : Mais partout, tu vois bien ! Elle est partout, autour de nous ! Nous sommes faits d'elle et c'est grâce à elle que nous vivons. Sans elle, nous ne serions pas là.

- Foetus 1 : C'est absurde ! Personne n'a jamais vu de maman. C'est évident qu'elle n'existe pas.

- Foetus 2 : Je ne suis pas d'accord, ça c'est ton point de vue. D'ailleurs, parfois lorsque tout devient calme, on peut entendre quand elle chante. On peut sentir quand elle caresse notre monde. Je suis certain que notre Vraie Vie va commencer après l'accouchement...

+

=>

19
AUTRE CHOSE

«**Devenez Manager-coach**» est l'oeuvre du même auteur. Ce livre didactique synthétise les meilleures techniques du coaching. Il constitue une base solide pour devenir coach ainsi que le moyen pour un manager de travailler plus sereinement et plus efficacement. En tant que cadre, il vous permet de développer l'autonomie de vos collaborateurs et d'obtenir d'avantage d'engagement et de contribution de leur part.

Ce mode de management, qui favorise la communication, la valorisation, l'implication et la motivation, **évite le burn-out**.
Il apporte un mode de fonctionnement en parfaite adéquation avec une démarche agile*. Délégation, auto-organisation, communication, transversalité, animation et comptes rendus de sprints, etc

Il est structuré comme l'est une séance de coaching.
+Instauration d'une relation de confiance
+Bases relationnelles d'un accompagnement et d'une attitude spécifique de coach ou de manager-coach
+Techniques spécifiques: Prise de décision, zone d'intervention, gestion du changement, situation de crise, régulation d'équipe, etc.

Que ce soit pour devenir coach, pour devenir manager-coach ou pour vous facilité le management d'une organisation Agile, «Devenez Manager-Coach» est le livre à lire.

Le **management *Agile** et la gestion de projet Agile. De quoi s'agit-il?
Ils sont plus qu'un mode organisationnel.

Ils consiste en un cadre de fonctionnement (avec ses outils spécifiques) qui répond:

D'une part à la complexité des besoins actuels:
• Complexité et évolutivité des produits
• Transversalité et compétences des équipes
• Pression concurrentielle

• Rapidité des changements

Et d'autre part à l'évolution des mentalités et des modes de management où les employé(e)s veulent être respecté(e)s et valorisé(e)s.

Les employés, tout comme vous, voulez travailler dans une entreprise où il fait bon vivre, s'investir, s'épanouir. Une entreprise qui reconnaît la valeur et la richesse humaine.

Ce qui se concrétise par:
• Valoriser individus et interactions plus que méthodes et règles
• Orienter ses actions vers des résultats concrets, utiles et rapides
• Fournir régulièrement des progrès vers la réalisation du projet
• Communiquer et collaborer
• Pratiquer un management basé sur l'auto-organisation, la délégation, la valorisation des personnes
• Adopter une approche empirique (issue de la pratique) et évolutive
• Accueillir le changement et garder une souplesse d'adaptation grâce à l'intelligence collective
• Fonctionner en transparence (rien n'est caché)
• Accentuer la valeur ajouté du travail fourni
• Avoir une attitude confiante et positive

Le manager-coach favorise le mode de fonctionnement Agile. Manager-coach et management Agile préviennent les risques de burn-out et font de l'humain le coeur et la richesse de l'activité de l'entreprise.

Ce qui explique la cohérence entre «Burn-out, comment il se produit, le prévenir, en sortir» et le livre «Devenez manager-Coach».

✪ Regardez, ressentez, écoutez les choses autrement!

✪ Réfléchissez autrement et agissez différemment!

✪ Pensez positivement et vous vous sentez mieux.

✪ En vous sentant mieux vous agissez dans une meilleure dynamique.

✪ Vos nouvelles perceptions, vos nouvelles croyances, vos nouvelles actions vous apportent davantage et plus facilement ce que vous voulez.

www.ingramcontent.com/pod-product-compliance
Lightning Source LLC
Chambersburg PA
CBHW020729160726
47993CB00006B/2398